Die Herausgeber:
Anja Gundlach (34) ist Theologin und arbeitet derzeit als Familienfrau. Martin Gundlach (36) ist Chefredakteur der Zeitschrift „FAMILY". Die Runde an ihrem Tisch wird komplettiert durch die Töchter Anna-Luise (6), Marie (4) – und oft durch Gäste.
Anja und Martin Gundlach schrieben auch das Vorwort und die Kapitel-Einleitungen für das FAMILY-Kochbuch.

Bildnachweise:
Foodfotos (und zugehörige Rezepte): CMA, Bonn
Peoplefotos: Susanne Fortenbacher (JMEM, Hurlach); Ralf Krauß; privat
S.77: ISER (Redaktion Family); S. 92: Techniker Krankenkasse, Hamburg; S.105: MEV Verlag; S.136: Schott;
Illustration auf S. 17: Werner „Tiki" Küstenmacher

Hinweis:
Das vorliegende Buch ist sorgfältig erarbeitet worden. Dennoch erfolgen alle Angaben ohne Gewähr. Weder Herausgeber noch Verlag können für eventuelle Fehler oder Schäden, die aus den im Buch gegebenen praktischen Hinweisen resultieren, eine Haftung übernehmen.

Redaktion:
Stephanie Dressler

**Die Rezepte entstammen teilweise folgenden Websites,
wurden aber in den meisten Fällen bearbeitet und verändert:**
www.blindekuh.de/kueche
www.eat.epicurious.com
www.iicm.edu/agrim_kochecke
www.kochbuch.unix-ag.uni-kl.de/
www.naturkost.de/rezept/leseraktion-kinder.htm
www.ruhr-uni-bochum-de/kochfreunde/
www.ruhr-uni-bochum.de/~schaelcz/dinner/html
www.schrot-und-korn.de
www.ti5.tu-harburg.de/staff/lamers/kochen/kochen.htm

Ein herzlicher Dank für Anregungen, Rezepte und praktische Hilfe geht an:
die FAMILY-Redaktion, Eva-Maria Heimgartner, Dorothea Hein-Schilling, Elke Knöppler, Rita Kremer, Daniel Kutsche, Dieter Theobald, Angelika Thiele und das Küchenteam des Offenen Abends der Kirchengemeinde Denklingen, Friedgard Weiß und Stefan Benecke, Rita Zicholl.

Ganz besonders möchten wir für ihre Beiträge danken:
Birgit Bachmann, Franz Betzel, Bianka Bleier, Angela Fessl, Claudia Filker, Ursula Hauer, Marion Koppers, Ingrid Kretz, Werner Küstenmacher, Frank Lamers, Andreas Malessa, Barbara Rendel, Lothar Schäfer, Angelika Steeb, Irmgard Weiß.

Bibelzitate nach der rev. Elberfelder Bibel, R. Brockhaus Verlag Wuppertal, 1985/1991.

© 2001 R. Brockhaus Verlag Wuppertal
Gesamtgestaltung: Ralf Krauß, Remseck
Druck: Egedsa, Spanien
ISBN 3-417-24707-1
Bestell-Nr. 224 707

DAS FAMILY KOCHBUCH

Herausgegeben von Anja und Martin Gundlach

R. Brockhaus Verlag Wuppertal

Ran an den Herd!

Anja Gundlach (34) ist Theologin und arbeitet derzeit als Familienfrau. Martin Gundlach (36) ist Chefredakteur der Zeitschrift „FAMILY". Die Runde an ihrem Tisch wird komplettiert durch die Töchter Anna-Luise (6), Marie (4) – und oft durch Gäste.

Nicht ganz freiwillig haben wir dem Thema „Kochen" in den letzten Jahren einen größeren Stellenwert in unserem Leben eingeräumt. Nach der Geburt unserer zweiten Tochter stellte sich heraus, dass sie an einer schweren Neurodermitis litt. „Meiden Sie alle Fertig- und Halbfertigprodukte! Und kochen Sie am besten alles frisch", lautete der Ratschlag der Ärztin und der Ernährungsberaterin.

Wir haben uns auf den Weg gemacht – und sind heute froh, dass wir angefangen haben, bewusster und durchdachter zu kochen. Dabei ging und geht es uns nicht darum, in immer exklusiveren Variationen neue kulinarische Kunstwerke zu erstellen. Stattdessen gelten bei uns drei Regeln:

1. Der Aufwand von Zeit muss in einem guten Verhältnis zum erzielten Ergebnis stehen.
2. Der Geldbeutel darf beansprucht, aber nicht überstrapaziert werden.
3. Das Ergebnis wird voraussichtlich einem Großteil der Familie schmecken.
Nach diesen drei Kriterien haben wir Ihnen auch dieses FAMILY-Kochbuch zusammengestellt, in dem Sie neben Standardgerichten für Familien auch einige ausgefallenere Rezepte und Menüs finden. Wichtig ist uns: Die Rezepte und Tipps sind alle in der Familien-Praxis erprobt. Deshalb an dieser Stelle einen herzlichen Dank an alle, die sich hier beteiligt haben.

Also: Wagen Sie sich ran an den Herd! Sie (ja, auch die Männer!) werden merken: Sie brauchen oft gar nicht so viel mehr Zeit: Frischen Fisch zu dünsten dauert nicht länger als Fischstäbchen zu braten! Es schmeckt Ihnen (meistens!) besser – zumindest nicht mehr immer alles gleich. Und Sie werden merken, wie mit jedem vorzeigbaren Ergebnis Ihr Selbstbewusstsein wächst. Nur ein Risiko gehen Sie ein: Es könnte sein, dass Sie Fertigprodukte irgendwann nicht mehr so richtig mögen.

Zum Schluss: Über Anregungen, Kritik, familienerprobte Ernährungstipps freuen wir uns. Schreiben Sie uns an den Verlag oder per E-Mail an **gundlach@family.de**

Viel Spaß beim Lesen und Kochen! Ihre

Anja und Martin Gundlach

Schnelle, gesunde Alltagsküche

„Kochen für die Familie" ist eine Kunst für sich. Denn eine ganze Reihe von Wünschen treffen sich in der Küche. Das Kochen darf nicht lange dauern, das Ergebnis soll aber auch gesund sein. Am Ende soll das, was dann auf den Tellern landet, allen schmecken, aber möglichst – so wünschen es sich die Esser – jeden Tag anders aussehen. Da wird Kochen meist zum Kompromiss, nicht selten mit Frust auf allen Seiten („Ich mag das nicht!" - „Und dafür habe ich mir die ganze Arbeit gemacht!"). Wir haben uns deshalb bemüht, möglichst verschiedene Rezepte für alle Geschmäcker auszuwählen. Gleichzeitig soll auch für erfahrene Köchinnen (und Köche) noch Neues dabei sein (probieren Sie doch mal Rezepte mit Amaranth oder Quinoa – oder mit asiatischen Zutaten, die es inzwischen fast überall gibt). Oft sind Kinder sehr experimentierfreudig. Warum also nicht mal mit Stäbchen essen oder „Fingerfood" auf den Tisch bringen?

Einige Regeln helfen uns als Familie, wenn wir uns zum Essen hinsetzen:

• *Der erste Satz am Tisch ist immer etwas Nettes!* Kinder (und auch Erwachsene!) können sich angewöhnen, zunächst mal das Gute zu sehen und sich bei demjenigen zu bedanken, der die Mühe der Vorbereitung hatte.

• *Lassen Sie Ihre Kinder eine Gabel voll probieren!* Kinder haben oft intuitive Abneigungen gegen bestimmte Lebensmittel. Wir ermutigen unsere Kinder, ein Häppchen auch von den Dingen zu probieren, die sie nicht essen wollen. Schon oft haben wir erlebt, wie Lebensmittel, die beim letzten Mal noch „grauenhaft" schmeckten, plötzlich gerne gegessen werden. Allerdings gestehen wir jedem Kind auch zu, dass es einige wenige Dinge überhaupt nicht mag.

• *Fragen Sie Ihre Kinder, wie Ihnen das Essen am besten schmeckt!* Manchmal müssen die Tomaten nur anders aufgeschnitten oder die Möhren nur anders gedünstet, die Broccoli-Röschen nur weicher gekocht werden, damit Ihre Kinder wieder gerne mitessen.

Eins noch, bevor Sie loslegen: Gute Rohstoffe geben ein gutes Essen. Auch wir kaufen vieles im Supermarkt. Aber eben nicht alles. Bei rohem Gemüse zum Beispiel machen wir selten Kompromisse. Wenn Sie's probieren, werden Sie merken, dass Sie die Unterschiede schon nach kurzer Zeit herausschmecken.

Quiche mit Speck und Kirschtomaten

90 Minuten
davon 45 Min. Kühlzeit, 40 Min. Backzeit

Ein Mürbeteig muss kein Ei enthalten. Sollte der Teig aber gar nicht zusammenhalten, können Sie mit einem Esslöffel kaltes Wasser oder mit einem kleinen Ei nachhelfen. Als Alternative zum selbst gemachten Teig gibt es fertigen aus dem Kühlregal.

Frühstücksspeck gibt es ebenfalls abgepackt im Kühlregal. Zum Verarbeiten von frischen Chilis Handschuhe verwenden, sie brennen ganz ordentlich! Wer es nicht so scharf mag, kann stattdessen auch mit Pfeffer würzen.

Getrocknete Tomaten gibt's im Glas.

Schon geraspelter Käse und TK-Basilikum sparen Zeit.

Für Kinder mit den Kirschtomaten auf der Quiche ein Gesicht legen.

Zutaten

200 g Mehl, 1 Prise Salz	in eine Schüssel geben.
125 g kalte Butter oder Margarine	in Flöckchen schneiden, hinzufügen. Alles zwischen den Fingern zerreiben, bis eine gleichmäßig krümelige Masse entsteht, dann schnell zu einer Teigkugel formen und 30 Min. kühl stellen. Den Teig nochmals durchkneten und auf einer bemehlten Arbeitsfläche dünn ausrollen. Mit einer Palette lösen und in eine gefettete Quicheform (Ø 24 cm) legen. Den Teigrand fest andrücken. Überstehenden Teig mit einem Messer abschneiden. Den Boden mit einer Gabel mehrmals einstechen und nochmals 15 Min. kalt stellen. Backofen auf 220° vorheizen.
150 g durchwachsenen Speck	in kleine Würfel schneiden.
1-2 kleine Chilischoten	längs halbieren, entkernen und fein würfeln.
30 g getrocknete Tomaten	in kleine Würfel schneiden. Speck, Chilis und Tomaten in die Quicheform schichten.
50g Emmentaler	fein raspeln und darüber streuen.
½ Bund Basilikum	fein hacken.
200 ml Sahne, 3 Eier, 1 Eigelb	mit dem Basilikum verrühren.
Mit Salz, Pfeffer, Muskatnuss	die Eimasse würzen und über die Quiche gießen.
150 g Kirschtomaten	auf der Quiche kreisförmig verteilen. Auf der untersten Schiene des Backofens bei 220° 25 Min. backen. Dann mit Alufolie abdecken und weitere 15 Min. backen.

Zubereitung

Dazu passt ein grüner Salat!

Spinattorte Scandinavia

ca. 1 ½ Stunden,
davon 50-60 Min. im Ofen

Zutaten — Zubereitung

Ofen auf 190° vorheizen und eine große flache Auflaufform oder ein tiefes Backblech fetten.

150 g Butter oder Margarine schaumig rühren.

4 Eier nacheinander zugeben, weiterrühren.

150 g Mehl in die Masse einarbeiten.

250 g Magerquark in einem Sieb abtropfen lassen, hinzufügen.

2 El Sahne unterrühren.

65 g Lachs oder Lachsersatz grob hacken, dann pürieren oder durch den Fleischwolf drehen.

500 g Spinat verlesen, waschen. Unabgetropft in einen großen Topf geben, auf kleiner bis mittlerer Hitze zerfallen lassen. Grob hacken und mit dem Lachs unter die Masse ziehen. Alles gut mischen. In die Auflaufform füllen oder aufs Blech streichen.

50 g geriebenen Käse darüber streuen,

20 g Butter Butterflöckchen aufsetzen. 50-60 Min. im Ofen garen.

TK-Spinat verschnellert die Prozedur erheblich!

Dazu knuspriges Baguettebrot.

Hirseauflauf

ca. 1 Stunde,
davon 30-40 Min. im Ofen

Zutaten — Zubereitung

Den Backofen auf 180° vorheizen.

100 g Hirse
250 ml Gemüsebrühe Hirse in Gemüsebrühe 10 Min. auf kleiner Hitze kochen. Herd ausschalten, Hirse 20 Min. ausquellen lassen.

2 Zucchini inzwischen grob raspeln.

1 Zwiebel
1 Knoblauchzehe
2 El Olivenöl klein schneiden und in Öl andünsten. Zucchiniraspel dazu geben und andünsten.

Salz, Pfeffer,
gehackte frische Kräuter Die Zucchinimischung abschmecken.

400 g Magerquark
12 El geriebener
Emmentaler, 4 Eier verrühren, Hirse und Zucchini unterheben. Alles gut mischen und ca. 30-40 Min. im Ofen garen.

unser Special
Blätterteig-Quiches

für ein Backblech:
1 Paket TK-Blätterteig

Den Backofen auf 200° vorheizen. ausrollen und auf ein mit Back-papier ausgelegtes Blech geben. An den Rändern etwas über-hängen lassen.

Rezept 1

5 Eier, 400 ml Sahne verquirlen.

2 Dosen Champignonscheiben,
250 g gekochten Schinken in
feinen Würfeln,
250 g geriebenen Gouda
oder Emmentaler mit der Eimasse verrühren. Masse auf den Blätterteig geben und sofort in den Ofen schieben. Dort braucht die Quiche ca. 45 Min., bis die Oberseite appetitlich gebräunt ist!

Rezept 2

1 Paket TK-Spinat
oder Rahmspinat (600 g) auftauen lassen (in der Mikrowelle oder im Dämpfkorb geht's schneller).
2 große Zwiebeln mit dem Spinat vermischen.
1 Becher Crème fraîche in Klecksen darüber geben.
150 g geriebenen Käse darüber streuen, kräftig pfeffern! Für ca. 20 Min. in den Ofen schieben.

Rezept 3

450 g passierte Tomaten,
2 zerdrückte Knoblauchzehen,
20 schwarze Oliven auf dem Blätterteig verteilen.
Salz, Pfeffer darüber streuen.
500 g Egerlinge
(oder Champignons) mit einem feuchten Tuch abwischen, in Scheiben schneiden, auf den Tomaten verteilen.
Oregano nach Geschmack würzen.
4 Mozzarella-Käse in Scheiben schneiden, darüber schichten. Ca. 20-25 Min. in den Ofen schieben.

Rezept 4

2 Bund
Frühlingszwiebeln in Ringe schneiden.
4 gelbe Paprika in Streifen schneiden.
2 El Olivenöl Beides darin andünsten und auf dem Blätterteigboden verteilen.
2 Eier, 200 ml Sahne,
Salz, Pfeffer verquirlen und über das Gemüse geben. Im Ofen ca. 30 Min. backen, bis die Eier-Sahne-Mischung fest und die Quiche leicht gebräunt ist.

Zu allen Rezepten passt ein schöner bunter Salat.

Auberginen-Auflauf mit Getreide

6 Portionen

Zeitbedarf: 75 Min.,
davon 45 Min. im Ofen. Getreide muss am Abend vorher eingeweicht werden!

Zutaten

250 g Hafer- oder Weizenkörner

2 große Zwiebeln
2 Knoblauchzehen, 4 El Olivenöl
1 kleine Dose geschälte Tomaten (480 g), grob geschnitten, 3 Lorbeerblätter, 1/2 El Rosmarin, 30 g Tomatenmark
Mit Salz, 1 Prise Zucker, wenig Cayennepfeffer

1 kg Auberginen, Öl, Salz

300 g Mozzarella, klein gewürfelt
100 g Parmesan, frisch gerieben

Zubereitung

Am Vorabend die Körner mit 1 l Wasser aufkochen, dann über Nacht ausquellen lassen. Am nächsten Tag 10 Min. kochen, abgießen und abtropfen lassen.

in schmale Streifen schneiden, den Knoblauch fein hacken. Beides im Öl glasig dünsten.

in einer breiten Pfanne verrühren. Aufkochen.

würzen. In der offenen Pfanne bei mittlerer Hitze in etwa 20 Min. dick einkochen. Gelegentlich umrühren, damit nichts ansetzt. Währenddessen die Auberginen waschen, den Stielansatz abschneiden. Auberginen längs in knapp 1 cm dicke Scheiben schneiden. Eine Pfanne (möglichst eine Grillpfanne) mit Öl auspinseln und stark erhitzen. Die Auberginenscheiben darin portionsweise von beiden Seiten anbraten, herausnehmen und salzen. Die Pfanne zwischendurch immer wieder mit Öl auspinseln und sehr heiß werden lassen.

mit den Körnern mischen. Eine feuerfeste, große Auflaufform mit dem restlichen Öl auspinseln und abwechselnd Auberginen, Tomatensauce (Lorbeerblätter entfernen!) und Käse-Getreide-Mischung einschichten. Bei 200° auf der 2. Einschubleiste von unten 40 bis 45 Min. backen.

Vorsicht: Kleine Kinder verschlucken sich an Getreidekörnern und können sie nur schwer verdauen. Von den Auberginen die Außenhaut mit einem Sparschäler entfernen, sie sind dann besser zu kauen.

Auberginen sind unterschiedlich groß. Bevorzugen Sie kleinere, aromatischere. Dann brauchen Sie natürlich 1-2 mehr.

Gegrillte Hühnerflügel in Honig

2 ¾ Stunden,
davon 2 Stunden Marinierzeit
und 45 Min. im Ofen

Als Snack für 12 oder
als Mahlzeit für 4 Personen

Zutaten Zubereitung

12-16 Hühnerflügel abwaschen, mit Küchenpapier trocken tupfen, in eine Glas- oder Keramikschüssel legen.

50 ml Sojasauce
1 zerdrückte Knoblauchzehe
2 El Sherry
3 El Öl mischen und über die Flügel gießen. Zugedeckt im Kühlschrank 2 Stunden marinieren. Grill auf 200° vorheizen. Die Flügel abtropfen lassen und 30-45 Min. auf dem Rost grillen.

3 El Honig erwärmen, die Flügel damit bepinseln und weitere 2 Minuten grillen. Dann sofort servieren.

 Dazu passt Reis und ein asiatisch angehauchtes Pfannengemüse, z.B. mit Chinakohl, Sojasprossen und gerösteten Erdnüssen. Oder Baguettebrot!

 Kann man gut mit den Fingern essen!

---

aus der Türkei # Börek  **50 Min.,**
davon 30 Min. im Ofen

Zutaten Zubereitung

Backofen auf 170° vorheizen.

500 g Rindergehacktes, Pfeffer, Salz, 2 Zwiebeln, gewürfelt, 1 großer Becher Joghurt (450 g), miteinander vermengen.
3 Eier gut verrühren.
250 g Schafskäse zerbröseln.
1 Paket Yufka-Teigwarenblätter Yufka-Blätter, Hackfleischmischung, Schafskäse und Joghurt-Ei-Masse abwechselnd in eine gefettete Form schichten. Abdecken.

100 g zerlassene Butter Den Auflauf damit übergießen. Ca. 20 Minuten im Ofen garen.

 Yufka-Blätter gibt's in türkischen Läden. Ersatzweise im Backofen vorsichtig angebackenen Blätterteig nehmen.

Zutaten

Zubereitung

3 Scheiben TK-Blätterteig antauen lassen, ausrollen und eine gefettete Springform (Ø 26 cm) damit auslegen. Mehrfach mit einer Gabel einstechen. Backofen auf 180° vorheizen.

100 g Frühstücksspeck in kleine Würfel schneiden und auf den Teig legen.

750 g Rosenkohl putzen, waschen und in Salzwasser in ca. 10 Min. bissfest kochen. Abtropfen lassen, trocken tupfen und auf dem Teig verteilen.

250 g Quark
2 Eier
100 g geriebener Käse
(Gouda oder Emmentaler) gut verrühren und über den Rosenkohl gießen. Die Torte in ca. 30-40 Min. goldbraun backen.

Dazu passt ein Tomaten- oder Gurkensalat.

Rosenkohltorte

1 Stunde

Spargel in Blätterteig

ca. 1 Stunde
je nach Menge; davon 20 Min. im Ofen

Die Angaben in diesem Rezept gelten pro Portion!

Wenn Ihre Kinder keinen Spargel mögen, können Sie auch Porree stattdessen verwenden (auch grüner Spargel ist einen Versuch wert).

Mit restlichem Blätterteig eine Gabel oder einen Stern auf dem Päckchen formen.

Dazu passen Sauce Hollandaise (gibt's als gutes Fertigprodukt) und ein gemischter Salat.

Zutaten · Zubereitung

4 Stangen Spargel schälen, die Enden abschneiden. In reichlich Wasser mit je einer Prise Salz, Zucker und etwas Butter bissfest kochen. Das dauert ca. 15 Min. Währenddessen den Backofen auf 180° vorheizen.

1 Scheibe TK-Blätterteig antauen lassen, nach allen Seiten vorsichtig ausrollen.

je 1 Scheibe Kochschinken und Gouda auf jede Blätterteig-Platte legen. Spargel in die Mitte legen, die Ränder mit Eiweiß bestreichen, die Teigplatte über der Mitte zusammenfalten und fest andrücken. Mit der Naht nach unten auf das Backblech legen.

1 Eigelb Päckchen damit bestreichen und ab in den Backofen damit (ca. 20 Min.).

Apfel-Hirse-Auflauf

Zutaten · Zubereitung

100 g Hirse, 1 Tl Zimt,
100 ml Milch, 100 ml Wasser Hirse mit Zimt, Milch und Wasser in einen Topf geben, aufkochen lassen und bei schwacher Hitze ca. 7-8 Min. köcheln lassen. Herdplatte ausschalten und weitere 10-15 Min. quellen lassen. Etwas abkühlen lassen.

4 Eier trennen.
4 El Honig
50 g gemahlene Haselnüsse
½ unbehandelte Zitrone,
Saft und abgeriebene Schale Eigelbe mit Honig, Nüssen, Zitronensaft und -schale verrühren.

400 g säuerliche Äpfel Das Kerngehäuse der Äpfel entfernen, Äpfel vierteln und raspeln. Die Ei-Nuss-Masse zusammen mit den geraspelten Äpfeln unter die Hirse heben.
Die Eiweiße steif schlagen und unter die Hirsemischung heben.
Die ganze Masse in eine gefettete Auflaufform geben und bei 175° im Backofen ca. 25-30 Min. backen, bis die Oberfläche goldbraun ist.

1 Stunde,
davon 30 Min. im Ofen

Ein süßer Auflauf schmeckt besonders kleinen Essern gut.

Tiki - Werner Küstenmacher *empfiehlt:*

Werner Tiki Küstenmacher hat sein Pfarrerdasein erfolgreich gegen die Freiberuflichkeit als Autor und Karikaturist eingetauscht. Mit seiner Familie lebt er in Gröbenzell / Bayern.

Nudeln à la Tiki

(für 3 bis 4 Personen)

Für die Soße:

gut 300 g Hackfleisch (Rind, Schwein, beides gemischt, oder – am leckersten – Lamm)
1 große Zwiebel
(oder 1 Stange Lauch)
1 Packung Tomatenpüree
1 Glas entsteinte Kirschen
gekörnte Gemüsebrühe
etwas Mehl
Pfeffer, Curry, Oregano
etwas Rotwein
Olivenöl

500 g lange feine Nudeln (feiner als Spaghetti schmecken Fettuccine, die langen Bandnudeln)
Salz

Für den Salat:

4 mittelgroße Tomaten
noch eine Zwiebel
gehackte oder
getrocknete Petersilie
süßer Senf
Salatcreme
Weinbrand oder Cognac
Zucker

Gesamte Zubereitungszeit inklusive Vorbereitung: durchaus in 20 Minuten zuschaffen, also ideal für Karikaturen zeichnende Freiberufler, die mittags schnell noch was für die Family auf den Tisch zaubern möchten.

Vom Timing her hat es sich bewährt, den Salat als erstes zu machen: Zwiebel schälen und in feine Ringe zerschneiden. Die Tomaten waschen und grob würfeln. In die Salatschüssel 1 Esslöffel süßen Senf, 2 Esslöffel Salatcreme, einen halben Teelöffel Zucker, die Petersilie und einen Spritzer Cognac geben. Mit dem Löffel durchrühren, dann die Zwiebeln und die Tomatenstücke dazugeben und umrühren. Mit dem Saft der Tomaten wird aus der festen Salatsoße eine herrlich leckere Flüssigkeit. Mit Salz, Pfeffer und etwas Paprikapulver abschmecken.

Dann reichlich Wasser für die Nudeln aufsetzen, um die 2 Liter. Gleich zu Beginn 2 gehäufte Esslöffel Salz und einen nicht zu sparsamen Schuss Olivenöl ins Wasser geben (später vergisst man's!).

Die Zwiebel oder den Lauch nicht zu fein schneiden und in gut 3 Esslöffeln Olivenöl in der Pfanne anbraten, die Platte auf höchster Stufe. Wenn die Würfel glasig geworden sind, das Fleisch dazugeben und unter ständigem Rühren kräftig braten. Hackfleisch darf man schon während des Bratens würzen: mit einer großen Prise Pfeffer, einem gehäuften Esslöffel Gemüsebrühepulver (das bringt mehr Schmackes als Salz) und etwa einem gestrichenen Teelöffel Curry (der Trick 17 für jede Hackfleischsoße!). Das i-Tüpfelchen ist 1 gestrichener Esslöffel Oregano. Wenn das Hackfleisch gar aussieht und lecker duftet, ist meist auch das Nudelwasser so weit. Also die Flamme unter dem Fleisch

runterdrehen und die Nudeln ins kochende Wasser (es muss absolut blubbern!). Das Tomatenpüree in die Pfanne geben und (je nach Geschmack) mit 1 bis 2 Teelöffeln Zucker abschmecken - weil Zucker den Eigengeschmack von Tomaten optimal zur Geltung bringt. Wenn die Tomatensoße heiß ist, 2 Esslöffel abgetropfte Kirschen dazugeben. Noch etwas Pfiff bekommt so eine Soße mit einem Schuss Rotwein (falls noch einer herumsteht). Eine Tasse etwa halbvoll mit dem Saft der Kirschen und mit 1 Esslöffel Mehl füllen. Mit einer Gabel kräftig und geduldig verrühren, bis kein Klümpchen mehr drin ist. Diesen Mehl-Kirschsaft zum Schluss in die heiße Soße gießen, gut rühren und noch einmal kurz aufkochen lassen.

Die Mischung von Kirschen, Fleisch, Salz und Zucker ist unwiderstehlich - nicht nur, aber ganz besonders bei Kindern. Und der Tomatensalat kommt auch bei sonst eher gemüsescheuen Kids gut. Zumindest bei unseren.
Der Nachtisch ist übrigens auch schon eingebaut: Den Rest aus dem Kirschenglas mit etwas Stärke und Zucker aufkochen und als heiße Soße zu Vanilleeis servieren.

Blätterteigtaschen
nach Art der Picardie

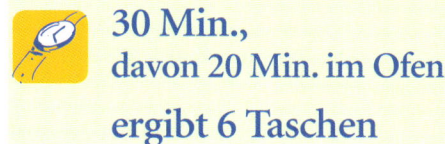

30 Min.,
davon 20 Min. im Ofen

ergibt 6 Taschen

Zutaten / Zubereitung

Ofen auf 200° vorheizen.

1 Paket Blätterteig antauen lassen, Scheiben etwas ausrollen.

6 kleine runde Ziegenkäse Auf jede Blätterteigscheibe einen Käse legen.

2 Birnen waschen, schälen, in Stücke schneiden. Stücke auf dem Ziegenkäse verteilen.

Pfeffer aus der Mühle Kräftig pfeffern!

1 Ei trennen. Die Seiten der Blätterteigscheiben mit dem Eiweiß bestreichen, Taschen verschließen und fest andrücken. Mit dem Eigelb die Taschen bestreichen. Evt. mit

Sesam oder Mohn Sesam oder Mohn bestreuen. Im Ofen ca. 20 Min. backen, bis der Blätterteig knusprig und goldbraun ist.

Mit übrigem Blätterteig Verzierungen auf den Täschchen anbringen.

Dazu passt ein Friseesalat mit frischen Kräutern!

75 Min.,
davon 20 Min. im Ofen

Tizianas Püree

Ein sehr vielseitiges Rezept, wenn man Spaß am Experimentieren hat. Zum Zerkleinern der Kartoffeln niemals den Pürierstab nehmen, sonst wird das Püree gummiartig.

Zutaten / Zubereitung

Ofen auf 180° vorheizen.

1 ½ kg aromatische, mehlig kochende Kartoffeln abbürsten, gar kochen, abschrecken, pellen. Mit dem Kartoffelstampfer oder der Karoffelpresse zerkleinern.

50 g Butter, etwas Milch, eine Prise Muskatnuss hinzufügen. Das Püree sollte locker und gut rührbar, aber nicht flüssig sein. Die Hälfte der Masse in eine gefettete Auflaufform füllen.

200 g scharfe Salami oder Kochschinken oder Mozzarella oder hartgekochte Eier würfeln und über das Püree geben. Eier können auch ganz in das Püree! Dann den Rest der Kartoffelmasse einfüllen.

100 g frische Semmelbrösel, evt. geriebener Käse Das Püree damit bestreuen, so dass es gut bedeckt ist. Ca. 20 Min. im Ofen lassen.

Mit einem bunten Salat eine vollwertige Mahlzeit!

Lamm-hackbällchen
mit Knoblauch und Joghurt

 **30 Min.**

Dazu passt Fladenbrot.

Zutaten | Zubereitung

Zutaten	Zubereitung
500 g Lammhackfleisch	in eine Schüssel geben.
1 Brötchen	in kaltem Wasser einweichen, gut ausdrücken und zerzupfen.
3 kleine Zwiebeln	schälen und fein würfeln.
2 Knoblauchzehen	
1 Bund Petersilie	fein hacken.
je 1 Zweig Rosmarin und Thymian	
Salz, Pfeffer	Hackfleisch würzen und mit dem Brötchen, der Hälfte von Zwiebeln und Knoblauch und den Kräutern vermengen. Walnussgroße Bällchen formen.
30 g Butterschmalz	in einer Pfanne erhitzen und die Hackbällchen darin rundherum anbraten.
½ Salatgurke	schälen und fein würfeln, mit restlichen Zwiebeln und Knoblauch sowie
300 g Joghurt (2 kl. Becher) Salz, Pfeffer und Kräutern, evt. einem Spritzer Tabasco	vermengen. Mit abschmecken. Zu den Lammbällchen servieren.

Kartoffel-Kräuter-Pfanne
mit Schafskäse

 45 Min.

Zutaten	Zubereitung
1 kg kleine, fest kochende Kartoffeln	in Salzwasser ca. 15 Min. kochen. Gegarte Kartoffeln pellen.
4 rote Zwiebeln	schälen und in Spalten schneiden.
300 g Zucchini	waschen, die Enden entfernen und in dünne Stifte schneiden.
30 g Butterschmalz	in einer großen Pfanne erhitzen, Kartoffeln darin ringsherum leicht anbraten.
6 Zweige Thymian oder Majoran, 1 TL Rosmarinnadeln Salz, Pfeffer	abbrausen, trocken tupfen und grob hacken. Zwiebeln und Zucchini mit Kräutern und Gewürzen zu den Kartoffeln geben und 8 – 10 Min. weiterbraten.
200 g schnittfesten Schafskäse	in kleine Würfel schneiden.
1 Bund Petersilie	waschen und grob hacken. Beides zufügen und unterheben.

Bami Goreng

 30 Min.

Die exotischen Zutaten zu diesem Gericht erhalten Sie in der „internationalen‟ Ecke großer Supermärkte. Frischer und preisgünstiger ist die Auswahl im Asien-Laden.

Anstelle von Hähnchenfleisch kann auch Schweinefleisch verwendet werden. Wer kein Fleisch mag, kann das Gericht mit Tofu zubereiten, der aber vorher (in Sojasauce und Gewürzen) mariniert werden sollte.

Probieren Sie dieses Rezept mal mit Sesamöl, das gibt einen besonders nussigen Geschmack.

Zutaten	Zubereitung
250 g Fadennudeln 1 El Öl	in reichlich Salzwasser 7 Min. kochen, in ein Sieb abgießen.
75 g Sojasprossen	zu den Nudeln geben und beides zusammen abtropfen lassen.
400 g Hähnchenbrustfilet	waschen und mit Küchenkrepp trocken tupfen. In ½ cm große Würfel schneiden.
2 Zwiebeln 2 Knoblauchzehen 1 TL Salz	schälen, fein würfeln und vermischen.
300 g Chinakohl 150 g Lauch	putzen und in dünne Streifen schneiden.
150 g Tiefkühl-Erbsen	zum Auftauen mit Wasser abspülen.
4 El Öl	im Wok oder einer großen Pfanne erhitzen. Das Fleisch darin flott wendend anbraten. Nacheinander Zwiebelmischung, Lauch und Chinakohl, und schließlich die Erbsen hinzufügen und jeweils nur eine Minute garen!
6 El japanische Sojasauce	zufügen. Nudeln und Keime zugeben und erhitzen. Das Gericht abschmecken und unverzüglich servieren.

Pfannkuchen Käpt'n Blaubeer

30 Min.
(+ 30 Min. Quellzeit)

Zutaten ## Zubereitung

pro großem Pfannkuchen: *(Grundrezept)*

**40 g Weizenvollkorn-
oder Dinkelmehl
1 Prise Salz
60 ml Milch** mit dem Schneebesen verrühren.
1 Ei, leicht verquirlt hineinrühren. Teig 30 Min. quellen lassen.
**2-3 El frische oder
tiefgekühlte Blaubeeren** zum Teig geben, Konsistenz prüfen und eventuell Milch zugeben. Der Teig sollte langsam
vom Schneebesen oder Löffel tropfen.
Öl oder Butterschmalz Pfanne dünn auspinseln und erhitzen. Teig
einfüllen, durch Schwenken verteilen. Bei
mittlerer Hitze den Pfannkuchen stocken
lassen. Wenn die Oberseite nicht mehr feucht
wirkt, die Pfanne etwas schütteln und die
Ränder des Pfannkuchens mit dem Pfannenwender lockern. Dann vorsichtig wenden und
goldbraun backen. Vor dem Servieren mit
Zimt und Zucker bestreuen.

Das Grundrezept für Pfannkuchen
lässt sich immer wieder mit süßen
oder herzhaften Zutaten variieren.
Es funktioniert natürlich auch mit
„weißem" Mehl. Dann braucht der
Teig geringfügig weniger Milch.

Blaubeeren haben viel Flüssigkeit. Es
ist also gut, wenn der Teig vorher
nicht zu flüssig ist.

Am besten funktioniert's mit einer
gusseisernen Pfanne.

Zutaten ## Zubereitung

Für die Füllung:
1 Zwiebel fein würfeln.
1 Bund Petersilie abbrausen, trocken schütteln und hacken.
**500 g gemischtes Hackfleisch,
Salz, Pfeffer, 1 Msp. Kreuzkümmel** mit der Zwiebel und der Petersilie mischen.
3 El Öl in einer Pfanne erhitzen. Hackfleischmi-
schung anbraten, aus der Pfanne nehmen.

Für die Sauce:
**425 g Kidney-Bohnen
(kleine Dose)** in ein Sieb geben, abbrausen und abtropfen
lassen.
3 Zwiebeln schälen, hacken und im Bratöl kurz anschwitzen.

**425 g geschälte Tomaten
(kleine Dose), 3 TL Chilipulver** und Bohnen zugeben und 10 Min. leise
köcheln lassen.
**8 Taco-Shells (= Schalen),
kleine Pita- oder Fladenbrote** Hackfleisch mit Sauce in die Taco-Shells
füllen. Nach Wunsch auf einem Bett aus Salat
anrichten und servieren.

Tacos 45 Min.

Taco-Fleisch-Gewürzmischung gibt es
auch in Supermärkten.

Dazu passt Eisbergsalat mit
Peperonistückchen. Taco-Shells gibt
es unter diesem Namen im Delika-
tess-Regal von Supermärkten.

Aus dem Hackfleisch
Bällchen formen

Rosinen-Nuss-Puffer

 45 Min.

Zutaten

500 g Kartoffeln
1 Ei
1 El gemahlene Mandeln
2 El Mandelblättchen
2 El Rosinen
1 Prise Salz
Öl

Zubereitung

Waschen, schälen, und reiben. Mit

vermischen.

In einer Pfanne erhitzen und nacheinander 12 Puffer im heißen Fett ausbacken.

Dazu schmeckt Apfelmus oder Pflaumenkompott.

Zutaten

250 g Langkornreis
2 Tomaten
1 grüne Paprikaschote
1 Zucchini
200 g Champignons

2 Zwiebeln
1 kleine Dose Mais
1 Dose Kidney-Bohnen
½ Glas Sojabohnenkeime (100g)
2 El Öl

Salz, Pfeffer, Paprika
2 Eier, 75 g Mehl

2 El Butterschmalz

Frische Petersilie

Zubereitung

kochen, in einer Schüssel auskühlen lassen.

Gemüse waschen und in grobe Würfel schneiden.
schälen und hacken.

abspülen und abtropfen lassen.
in einer großen Pfanne erhitzen. Zuerst die Zwiebeln, dann das rohe Gemüse, zuletzt das Dosengemüse zufügen, andünsten und gut würzen.
unter Rühren dem Reis zugeben, mit Salz und Pfeffer würzen.
Jeweils ½ El in einer Pfanne erhitzen. Mit einem Esslöffel kleine Reisportionen abmessen und die Reisplätzchen ausbacken.
Die Plätzchen mit dem Gemüse auf Tellern anrichten und mit Petersilie garnieren.

Reisplätzchen
mit Gemüse

 45 Min.

Dieses Rezept ist gut zur Verwendung von Reisresten. Wer es gern schneller und süßer hat, mischt etwas Ei und klein geschnittene Apfelstückchen unter den Reis vom Vortag, würzt mit Zucker und bäckt kleine dicke Pfannkuchen, die mit Zimt und Zucker serviert werden.

Irischer Reibekuchen  45 Min.

Zutaten

600 g mehlig kochende Kartoffeln

200 g Mehl
1 TL Salz
125 ml Sahne

75 g Butter

50 g Zucker
75 g Butter

Zubereitung

schälen und reiben. Über einer Schüssel in ein Tuch oder ein feines Sieb geben und das Wasser gut ausdrücken. Das Wasser stehen lassen, bis sich die Stärke am Boden abgesetzt hat.

mit den Kartoffeln vermengen. Abgesetzte Stärke ebenfalls unter die Kartoffelmasse rühren.

Die Hälfte der Butter in einer großen Pfanne erhitzen, Kartoffelmasse hineingeben, glatt streichen und 15 bis 20 Min. bei kleiner Hitze backen, bis die Unterseite knusprig braun ist. Den Rand während des Backens immer wieder lockern, um ein Anbrennen zu vermeiden. Reibekuchen vorsichtig wenden und in der restlichen Butter die andere Seite knusprig braun backen, dann auf eine Platte stürzen.

in der Pfanne leicht bräunen.

darin schmelzen, auf dem Reibekuchen verstreichen und sofort servieren.

Der Reibekuchen lässt sich leicht wenden, wenn Sie ihn vorsichtig auf einen Teller gleiten lassen und diesen dann in die Pfanne stürzen.

Dazu passt Apfelmus.

Variante: Statt des karamellisierten Zuckers kann man diesen Reibekuchen auch mit frischem, gedünstetem Gemüse verfeinern. Verwenden Sie zum Beispiel Blattspinat mit Knoblauch, frische, kleine Möhren und Erbsen oder jungen Wirsing mit etwas Speck - oder schmücken Sie den Reibekuchen mit einem Klecks körnigem Frischkäse, in Scheiben geschnittenen Radieschen und einer Handvoll Gartenkresse.

Kleine Pillekuchen 45 Min.

Zutaten

1 mittelgroße Zucchini
2 Möhren, 500 g Kartoffeln

2 El Sonnenblumenkerne
Pfeffer, Salz
Distel- oder Sonnenblumenöl

Joghurtsauce:
250 g Naturjoghurt
1 El Zitronensaft
1 Msp. Cayenne-Pfeffer
Salz
frische Kräuter

Zubereitung

putzen und fein reiben. In ein Küchentuch geben und gut ausdrücken.

unter die Gemüsemasse rühren. Eine Pfanne dünn mit Distel- oder Sonnenblumenöl auspinseln. Mit bemehlten Händen kleine Puffer aus dem Gemüse formen und vorsichtig braten.

verrühren und zu den Pillekuchen servieren.

Backen Sie zunächst einen Probepuffer. Es hängt von den Kartoffeln und auch von der Pfanne ab, ob die Pillekuchen zusammenhalten. Wenn sie's nicht tun, machen Sie es sich nicht unnötig schwer: Geben Sie ein Ei hinzu.

Dazu passt gut ein Radieschen- oder Tomatensalat.

Zutaten Zubereitung

40 g durchwachsenen Speck	würfeln.
2 dünne Lauchstangen	waschen und in Streifen schneiden.
250 g Shiitake-Pilze	putzen und in mundgerechte Stücke schneiden.
2 El Butter	erhitzen. Speck, Lauch und Pilze darin 5 Min. unter Rühren braten.
Salz, Pfeffer	Das Gemüse würzen.
1/8 l Brühe (oder Weißwein)	
¼ l Sahne	Die Mischung ablöschen, etwas einkochen lassen.
1 Prise Muskat	verfeinert das Gemüse.

Wer auf diese aromatischen Pilze stößt, sollte sie einmal versuchen. Das Rezept funktioniert aber auch mit anderen frischen Pilzen.

Dazu passen Bandnudeln.

30 Min.

Shiitake-Pilze mit Lauch

Herzhafte Crêpes

 45 Min.

Dieses Rezept eignet sich gut zur Resteverwertung von schon gegartem Hähnchenfleisch.

Zutaten | Zubereitung

Für den Teig:
6 Eier
200 ml Milch
100 ml Sahne
250 g Weizenmehl — Aus den Zutaten einen glatten Pfannkuchenteig rühren, beiseite stellen.

Für den Belag:
400 g Hähnchenbrustfilet
1 El Öl — waschen, mit Küchenkrepp trocken tupfen und in feine Streifen schneiden. Öl in einer Pfanne erhitzen und Fleisch in ca. 5 Min. goldgelb garen.

1 Bund Lauchzwiebeln
200 g frische Champignons
400 g Brokkoli — Gemüse putzen und in Scheiben bzw. Stücke schneiden.

1 El Butter
1 El Sonnenblumenöl — Fett in einer Pfanne erhitzen und das Gemüse darin gar dünsten.

4 Tomaten — häuten, entkernen und in feine Streifen schneiden.

1 El Butter — in einer großen beschichteten Pfanne zerlassen und ein Viertel des Teiges einfüllen. Ein Viertel von Geflügel, Gemüse und Tomatenstreifen wie auf einer Pizza verteilen. Einen Deckel darauf legen und bei mittlerer Temperatur stocken lassen.

Petersilie — darüber streuen und servieren. Mit den restlichen Zutaten genauso verfahren.

Kabeljau-Gemüse-Pfanne mit Reis

Am besten befreit man Champignons mit Hilfe eines Backpinsels von Erdkrümeln.

30 Min.

Zutaten | Zubereitung

800 g Kabeljaufilet — unter fließendem Wasser abspülen, trocken tupfen und in etwa 3 cm große Würfel schneiden.

1 El Essig, Salz — darüber träufeln und leicht salzen.

2 Stangen Lauch — putzen, waschen und in dünne Ringe schneiden.

200 g Champignons — säubern, und in Scheiben,

1 rote Paprika — Paprika waschen und in Streifen schneiden.

2 El Mehl
4 El Öl — Die Kabeljauwürfel in Mehl wenden und in heißem Öl von allen Seiten knusprig hellbraun braten. Aus der Pfanne nehmen und warm stellen. Lauchringe, Champignons und Paprika in die Pfanne geben und unter Rühren 5 Min. andünsten. Gegebenenfalls etwas Flüssigkeit zugeben. Den Fisch vorsichtig darauf geben und nochmals wärmen. Nicht rühren, der Fisch zerfällt sonst.

250 g Langkornreis — körnig kochen und zum Gemüsefisch reichen.

Möhren-Hack-Pfanne

⏱ 30 Min.

Zutaten / Zubereitung

Zutaten	Zubereitung
½ Staude Bleichsellerie	in Stangen teilen, welke Blätter und Wurzelenden abschneiden.
2 Möhren, 1 Kohlrabi	schälen. Gemüse waschen und in dünne Streifen schneiden.
3 Zwiebeln	schälen und in Ringe schneiden.
50 g Frühstücksspeck 1 El Öl	in Streifen schneiden und in einer Pfanne in ausbraten.
375 g gemischtes Hackfleisch	zugeben und weitere 3 Min. braten. Danach Gemüsestreifen und Zwiebelringe zugeben und 2 Min. mitdünsten lassen.
1 kleine Dose geschälte Tomaten	mit einer Gabel leicht zerdrücken und mit dem Tomatensaft über das Gemüse gießen.
1 Tl Thymian, 1 Tl Rosmarin	zum Abschmecken verwenden und ohne Deckel 7-8 Min. schmoren lassen.
Salz, weißer Pfeffer, frische Kräuter	darüber streuen und servieren.

Dazu passt Kartoffelpüree.

Kartoffelpfanne mit Keimlingen

1 Stunde
Vorbereitungszeit für
Keimlinge: 2-3 Tage

Zum Keimen Kichererbsen über Nacht einweichen, dann an einen hellen Platz (Fensterbank) in einem Keimgerät oder einer Schale stehen lassen. Einmal täglich abbrausen und tropfnass wieder in die Schale tun. Wenn die Keime ca. 1 cm lang sind, können Sie die Keimlinge verwenden. Die Linsen ebenso behandeln, sie müssen aber nicht vorher eingeweicht werden. Fertige Keimlinge halten sich in einer gut verschlossenen Plastikdose auch noch zwei Tage im Kühlschrank.

Zutaten / Zubereitung

Zutaten	Zubereitung
1 kg mehlige Kartoffeln	schälen, in Salzwasser ca. 15 Min. kochen. Gegarte Kartoffeln der Länge nach halbieren, große vierteln.
2 rote Paprikaschoten	vierteln, vom Kerngehäuse befreien und in kochendes Wasser geben. Etwa 5 bis 8 Min. kochen lassen, herausnehmen und noch in heißem Zustand die Haut abziehen. Dann würfeln.
4 El Linsenkeimlinge 4 El gekeimte Kichererbsen	abbrausen und gut abtropfen lassen.
2 El Olivenöl	in einer Pfanne erhitzen.
wenige Zweige Thymian oder Rosmarin	abzupfen und zum Öl geben. Kartoffelhälften auf beiden Seiten goldgelb anbraten, herausnehmen und warm stellen. Danach die Paprikawürfel in die Pfanne geben und zusammen mit den Keimlingen anschwenken.
4 Knoblauchzehen	schälen, in feine Scheiben schneiden und dazugeben.
einige Zweige frischer Majoran Salz, Pfeffer	Blätter von den Stielen zupfen und zu dem Gemüse geben und gut abschmecken. Alles durchschwenken und dekorativ auf die Kartoffelhälften verteilen.

Zutaten Zubereitung

500 g Putenfilet	waschen, trocken tupfen und in fingerbreite Stücke schneiden.
100 g frische Champignons	putzen und in dünne Scheiben schneiden.
½ Stange Lauch	waschen und in feine Streifen schneiden.
500 g grüne Bandnudeln	nach Vorschrift auf der Packung in reichlich Salzwasser bissfest garen, auf vier Teller verteilen und mit halbierten Tomaten verzieren.
100 g Kirschtomaten	

Während der Garzeit der Nudeln wird das Geschnetzelte zubereitet.

2 El Öl in einer Pfanne erhitzen und das Fleisch darin anbraten. Die Pilze zugeben. Wenn diese leicht angedünstet sind, den Lauch hinzufügen und etwa 2 Min. unter ständigem Rühren weiterbraten lassen. Den sich bildenden Sud mit einem Löffel vorsichtig abschöpfen und den Pfanneninhalt noch ½ Min. weiterbraten.

200 ml Brühe oder trockenen Weißwein hinzugießen und eine Minute köcheln lassen.

150 g Crème double
500 ml Sahne hineingießen und mit den Gewürzen **Salz, Pfeffer** abschmecken. Unter ständigem Rühren die **Thymian** Soße etwas eindicken lassen und auf den Nudeln anrichten.

Putenge-schnetzeltes

mit grünen Nudeln

Es soll in der Pfanne mit Öl bereitet werden, mit Öl eingerührt sollst du es bringen.
(3. Mose 6, 14)

 **30 Min.**

Nudeln

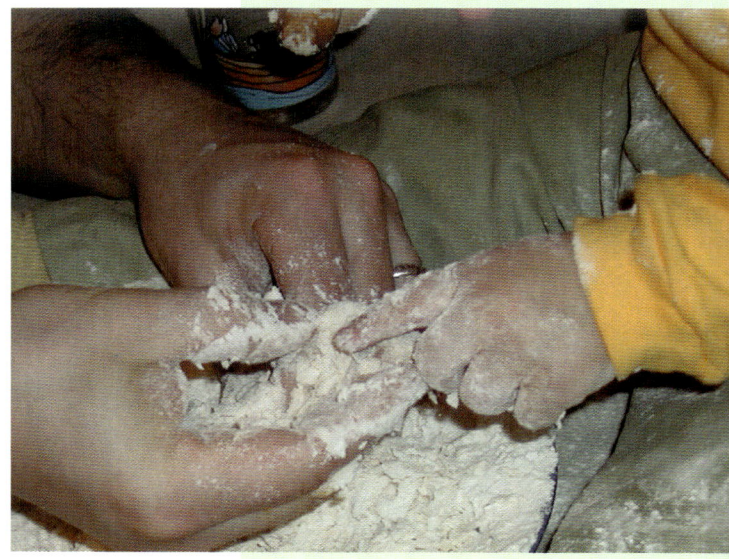

Linsen mit Spätzle

 30 Min., bei selbst gemachten Spätzle
1 Stunde. Evtl. Einweichzeit für Linsen

Urdeutsches Nudelgericht: Viele Variationen sind möglich. Sie können auch
grüne Linsen verwenden, die müssen
nicht lange eingeweicht werden. Damit
sie ihre Farbe behalten, sollte man aber
zweimal das Kochwasser wechseln. Mit
roten Linsen geht's noch schneller. Hier
bieten sich exotische Neuschöpfungen an:
mit Frühlingszwiebeln und Sojasauce …?

 Linsen mit Suppengemüse gibt
es auch fertig in der Dose
als Eintopfgrundlage.

Für Fleischesser: ein paar Würstchen
(schwäbisch: Saiten) oder Bauchfleisch
mit den Linsen erhitzen

Zutaten ## Zubereitung

250 g braune Linsen mit 1 l Wasser bedecken,
ca. 4 Std. einweichen lassen.

Spätzle:
500 g Mehl, 4 Eier
⅛ l Wasser
1 Prise Salz miteinander vermengen und solange
mit dem Rührgerät oder der
Küchenmaschine schlagen, bis der Teig
Blasen wirft. 15 Min. ruhen lassen.
Durch eine Spätzlepresse oder an
einem Spätzlebrett ins sprudelig
kochende Salzwasser geben, kurz
ziehen lassen.

1 Bund Suppengemüse
(Lauch, Sellerie, Möhre), Öl waschen und in kleine Stücke schneiden, im Öl andünsten. Linsen und
Einweichwasser zugeben. Aufkochen,
evt. Flüssigkeit zufügen. Dann den
Herd herunterschalten und ca. 30 Min.
köcheln lassen.

1 Tl Tomatenmark, Essig,
gekörnte Brühe, Salz, Pfeffer Die Linsen abschmecken.
Wer mag, kann den Eintopf mit einer
Mehlschwitze oder etwas Speisestärke
binden.

Zutaten / Zubereitung

Zutaten	Zubereitung
4 hauchdünne Scheiben durchwachsenen Speck (100 g)	in einer schweren, großen Pfanne braten, bis der Speck braun und knusprig ist. Einen Teller mit Küchenkrepp auslegen und die Speckscheiben darauf abtropfen lassen. Den Speck mit den Händen zerbröseln.
Öl	Das Bratfett in einen Messbecher geben. Mit Öl zu 30 ml Flüssigkeit auffüllen und die Mischung wieder in die Pfanne geben.
5 Zwiebeln **½ Tl Kümmel oder Fenchelsamen**	schälen und in feine Scheiben schneiden. zusammen mit den Zwiebeln in die Pfanne geben. Etwa 25 Min. dünsten, bis die Zwiebeln dunkelbraun sind.
400 g Weißkohl (etwa ¼ Kopf) **250 g geräucherten Schinken**	putzen und in feine Streifen schneiden. in feine Würfel schneiden und zusammen mit dem Weißkohl zu den Zwiebeln geben. Etwa 8 Min. dünsten, bis der Kohl weich wird.
400 g Fusilli (Spiralnudeln)	in reichlich Salzwasser nach Packungsanleitung bissfest kochen. Abgießen und in den Topf zurückgeben.
40 g Parmesan	reiben. Käse, zerbröselten Speck und Zwiebel-Kohl-Gemüse zu den Nudeln geben. Bei mittlerer Hitze unter ständigem Rühren erwärmen.
⅛ l Rinderbrühe **Salz, Pfeffer**	Nach und nach zufügen, falls die Mischung zu trocken wird. Etwa 4 Minuten köcheln lassen. Gut abschmecken und servieren.

Pasta mit karamellisierten Zwiebeln, Kohl und Schinken

 30 Min.

 10 Min.

Brösmeli

Zutaten / Zubereitung

Zutaten	Zubereitung
500 g kurze Nudeln	in Salzwasser bissfest kochen.
80 g Butter	in einem großen Topf erhitzen, bis sie schaumig ist.
ca. 100 g Semmelbrösel	in der Butter wenden, bis sie schön braun und knusprig sind. Nudeln mit den Semmelbröseln vermengen. Dazu eingemachtes Obst oder Kompott servieren – wenn nötig aus der Dose.

Ein Kinder-Lieblingsessen, wenn's mal ganz schnell gehen muss. Das Wort stammt übrigens aus der Schweiz.

Semmelbrösel schmecken am besten selbst gemacht. Brotrinden oder Endstücke von dunklem Brot in der Küchenmaschine so klein wie möglich zerkrümeln.

Spaghetti
mit Schinken und Bohnen

 20 Min.

Tomaten häuten: Kreuzweise einschneiden, mit kochendem Wasser überbrühen, 10-20 Sekunden liegen lassen, dann abziehen. Wenn es keine reifen Tomaten gibt, greifen Sie auf Dosentomaten zurück, die sind oft aromatischer. Wie die Haut sind auch die Kerne der Tomate unverdaulich, deswegen kann man auch sie getrost entfernen.

Zutaten Zubereitung

Zutaten	Zubereitung
500 g Spaghetti	in Salzwasser bissfest kochen.
2 große Fleischtomaten	häuten und würfeln.
1 Zwiebel	fein hacken.
1 Glas dicke Bohnen (750 g)	abgießen, Bohnen abbrausen und abtropfen lassen.
20 g Butter	in einer Pfanne erhitzen, Zwiebeln darin glasig andünsten, dann Tomaten hinzugeben und anschmelzen (etwa 2 Min.).
275 ml Hühnerbrühe	zugießen, aufkochen lassen.
1 El Senf	
100 ml Sahne	mit den Bohnen dazugeben, 5 Min. bei schwacher Hitze garen.
200 g Katenschinken	in der Zwischenzeit würfeln.
Salz, Pfeffer,	
½ Tl Bohnenkraut	Die Sauce abschmecken, evt. mit etwas Speisestärke binden. Schinken zugeben.
½ Bund Petersilie	Spaghetti in einer großen Schüssel oder auf Tellern mit der Sauce übergießen, mit Petersilie bestreuen.

Spaghetti mit Mozzarella

 30 Min.

Zutaten Zubereitung

Zutaten	Zubereitung
500 g Spaghetti	in reichlich Salzwasser bissfest kochen. Abgießen.
2 Knoblauchzehen	
1 Bund glatte Petersilie	
1 Bund Basilikum	fein hacken.
500 g vollreife Tomaten	häuten und klein würfeln.
200 g Mozzarella	klein würfeln. Mit den Kräutern, dem Knoblauch und den Tomaten zu den Nudeln geben und gut vermischen.

Wer Zeit sparen will, kann bereits gehackte Tiefkühlkräuter verwenden und die Tomaten nicht häuten.

Mega-Makkaroni

45 Min.,
bei Tiefkühlgemüse schneller

Zutaten Zubereitung

1 Möhre	waschen und klein schneiden.
250 g Broccoli	
500 g Blumenkohl	in Röschen teilen.
300 TK-Erbsen	auftauen.
60 g Butter	in einem Topf zerlaufen lassen, Gemüse darin andünsten.
¼ l Gemüsebrühe	angießen, Erbsen zufügen und Gemüse in ca. 10 Min. bissfest garen.
500 g Makkaroni	in reichlich Salzwasser bissfest garen.
Salz, Pfeffer	das Gemüse würzen.
¼ l Milch, 125 g Sahne	zugeben und mit etwas Saucenbinder oder Instantsauce abbinden. Kurz aufkochen. Mit
Zitronensaft	
½ Bund Petersilie, gehackt	
geriebener Muskatnuss	die Sauce verfeinern, mit den Nudeln vermischen und das Gemüse darauf anrichten.

Geht ganz schnell mit TK-Gemüse.

Spaghetti mit Artischocken

 45 Min.

Zutaten / Zubereitung

Zutaten	Zubereitung
15 g getrocknete Steinpilze	mit kochendem Wasser übergießen, abdecken und 20 Min. ziehen lassen. Dann klein würfeln.
1 Dose Artischockenböden (Abtropfgewicht 220 g) **1 gelbe Paprika**	in ein Sieb geben, abbrausen und in feine Streifen schneiden.
1 kl. Dose weiße Bohnen (Abtropfgewicht 250 g)	abtropfen lassen.
4 El Olivenöl	in einer Pfanne erhitzen, Artischocken darin anbraten. Abgetropfte Pilze und Paprika kurz mitdünsten.
Salz, Pfeffer	Das Gemüse abschmecken.
1 kl. Dose Tomaten	grob zerkleinern und ohne Saft, aber mit dem Pilzsud und den Bohnen dazugeben. Alles 10-15 Min. bei leicht geöffnetem Deckel köcheln lassen.
500 g Spaghetti	inzwischen in Salzwasser bissfest kochen.
1 Prise Zucker	Sauce nochmals mit Salz, Pfeffer und Zucker abschmecken. In einer vorgewärmten Schüssel mit den Spaghetti mischen.

Fettuccine in Limettensahne

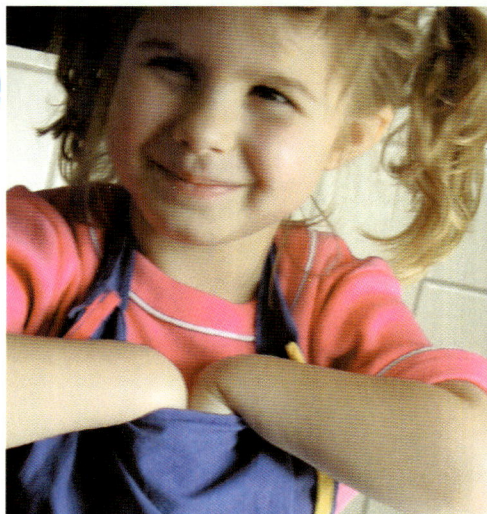

 45 Min.

Zutaten / Zubereitung

Zutaten	Zubereitung
500 g Fettuccine (Bandnudeln)	in Salzwasser bissfest kochen.
1 Zwiebel	fein würfeln.
150 g Champignons	mit einem feuchten Tuch abwischen, in dünne Scheiben schneiden.
100 g gekochten Schinken	in Streifen schneiden.
1 El Butter	erhitzen, Zwiebel darin glasig dünsten.
Salz, Pfeffer	Champignons und Schinken zufügen. Pfanneninhalt gut umrühren, abschmecken und unter Rühren eine Minute weiter dünsten.
2 Limetten	unter heißem Wasser abbürsten, mit dem Sparschäler dünn schälen, die Schale in Streifen schneiden. Eine Limette auspressen.
100 ml Gemüsebrühe	zusammen mit den Limettenstreifen zu Champignons und Schinken geben.
125 g Crème double	einrühren. Sauce mit 2-3 El Limettensaft abschmecken. Kurz einkochen lassen.
½ Bund Zitronenmelisse	mit dem Wiegemesser hacken. Die Nudeln portionsweise mit der Sauce anrichten und mit Zitronenmelisse bestreuen.

Zitronenmelisse gibt's oft in Supermärkten im Blumentöpfchen. Sie lässt sich gut auf dem Balkon oder im Garten einpflanzen.

Bratnudeln mit Sprossen

⏱ 25 Min.

Die Zutaten gibt es im Asien-Laden oder dem „Spezialitäten"-Regal des Supermarkts.

Zutaten — Zubereitung

300 g TK-Spinat	auftauen lassen. Danach kräftig ausdrücken und grob hacken.
10 getrocknete Shiitake-Pilze	in lauwarmem Wasser 20 Min. einweichen. Dann abtropfen lassen, in Streifen schneiden.
250 g chinesische Eiernudeln (Mie-Nudeln)	in Salzwasser in 3 Min. gar kochen. Abgießen und gut abtropfen lassen.
400 g Möhren	in Stifte schneiden.
3 Knoblauchzehen	fein hacken.
2 El Öl (vorzugsweise Sesamöl)	in einer Pfanne oder einem Wok erhitzen und Möhren, Knoblauch und Pilze darin anbraten.
150 g Mungobohnensprossen	mit dem Spinat dazufügen, unter Rühren 2 Min. weiterbraten.
2 El Zucker	
2 El Sojasauce	mit den Nudeln zugeben. Alles unter
Pfeffer, Salz	Rühren 3 Min. weiterbraten. Abschmecken und sofort servieren.

Zutaten — Zubereitung

400 g japanische Udon-Nudeln oder Linguine (Bandnudeln)	in reichlich Salzwasser nach Packungsanleitung bissfest kochen. Abgießen und abtropfen lassen.
6 El Soja-Sauce	
2 El Balsamico-Essig	
2 El Honig	
1 El Sesamöl	
2 Tl Speisestärke	mit einem Schneebesen zu einer glatten Sauce verrühren.
8 Frühlingszwiebeln	
2 große Knoblauchzehen	putzen und fein hacken.
10 g Ingwerknolle	schälen und ebenfalls fein hacken.
2 Köpfe Bok Choy	putzen. Das untere Drittel entfernen und die Blätter in breite Streifen schneiden. Waschen und abtropfen lassen.
350 g Tofu	abtropfen lassen und in etwa 1 cm große Würfel schneiden.
1 El Sesamöl	in einer großen schweren Pfanne oder im Wok erhitzen. Zwiebeln, Ingwer und Knoblauch darin etwa 30 Sekunden anbraten. Bok Choy zugeben und etwa 2 Min. dünsten, bis die Blätter anfangen zusammenzufallen.
Pfeffer, Salz	Zuerst den Tofu, dann die Nudeln und schließlich die Soja-Saucen-Mischung zugeben. Unter ständigem Rühren etwa eine Minute köcheln, bis die Sauce dickflüssig wird. Abschmecken und servieren.

Japanische Nudeln mit Bok Choy und Tofu

Bok Choy ist asiatischer Mangold. Gibt es in Asienläden. Ersatzweise Mangold, Broccoli oder Spinat verwenden.

⏱ 20 Min.

Warmer Nudelsalat mit

Pilzen und Radicchio

 30 Min.

Übrigens:
Der lila Salat spricht
sich „Radikkio".

Zutaten | Zubereitung

300 g Farfalle (Schmetterlingsnudeln)	in reichlich Salzwasser nach Packungsanleitung bissfest kochen. Abgießen und abtropfen lassen.
500 g weiße Champignons **500 g Shiitake-Pilze**	putzen, die Stiele entfernen und in Scheiben schneiden.
2 El Olivenöl	in einer tiefen Pfanne erhitzen und die Pilze darin anbraten.
2 große Knoblauchzehen	schälen, fein hacken und dazugeben.
1 El Rotweinessig	dazugeben und eine Minute dünsten.
200 g Tiefkühl-Erbsen **250 ml Hühnerbrühe**	in die Pfanne geben und weitere drei Minuten dünsten. Die abgetropften Nudeln zugeben, alles gut durchmischen und die Pfanne vom Herd nehmen.
Tl Dijon-Senf, 2 El Olivenöl, 4 El Rotweinessig	in einer großen Servierschüssel zu einem Dressing verrühren.
250 g Radicchio	putzen, waschen und in feine Streifen schneiden. In das Salatdressing geben und gut durchmischen.
75 g Parmesan	reiben und zusammen mit den Nudeln in die Schüssel geben. Alles gut vermengen und warm servieren.

Spinatlasagne

Zutaten | Zubereitung

	Backofen auf 175° vorheizen.
800 g Spinat	putzen, waschen und tropfnass in einen Topf geben. Bei geschlossenem Deckel dünsten.
30 g Butter	in einer Pfanne erhitzen.
1 Zwiebel	fein würfeln und in der Butter glasig dünsten.
20 g Mehl	unter Rühren zufügen und nach und nach mit ablöschen. Mit
¼ l Gemüsebrühe, ¼ l Milch	
Salz, Pfeffer, Muskat	kräftig abschmecken und den Spinat unterheben. Eine rechteckige Auflaufform einfetten.
½ Paket Lasagneblätter	Kaufen Sie Lasagneblätter, die nicht vorgekocht werden müssen. Die Form mit einigen Lasagneblättern auslegen, darüber eine Schicht Spinat verteilen und so lange fortfahren, bis der Spinat aufgebraucht ist. Die letzte Schicht sollte aus Gemüse bestehen.
150 g geriebenen Käse	darüber streuen und im Backofen in ca. 30 Min. goldbraun überbacken.

Zutaten ## Zubereitung

4 kleine Zwiebeln
4 große Knoblauchzehen schälen und fein würfeln.
4 El Olivenöl in einem kleinen Topf erhitzen, Zwiebeln und Knoblauch darin glasig braten.

200 g eingelegte getrocknete Tomaten abtropfen lassen und hacken. Zu den Zwiebeln in die Pfanne geben.

250 ml Hühnerbrühe angießen und um etwa ein Drittel einkochen lassen.

100 g schwarze Oliven entsteinen und in Scheiben schneiden.
1 Bund Petersilie abbrausen und fein hacken. Beides in die
Salz, Pfeffer Sauce geben. Abschmecken und warm stellen.

450 g Muschelnudeln (nicht die ganz kleinen) in reichlich Salzwasser nach Packungsanleitung bissfest kochen. Abgießen und abtropfen lassen, dabei ein Drittel des Kochwassers auffangen.

200 g milden Ziegenkäse mit den Händen zerkrümeln und etwas davon zum Anrichten beiseite stellen. Den restlichen Käse mit dem aufgefangenen Kochwasser verrühren, bis der Käse geschmolzen ist. In eine Servierschüssel geben und die Nudeln sowie die Tomatenmischung zufügen. Alles gut verrühren.
Auf Tellern anrichten und mit dem restlichen Ziegenkäse garnieren.

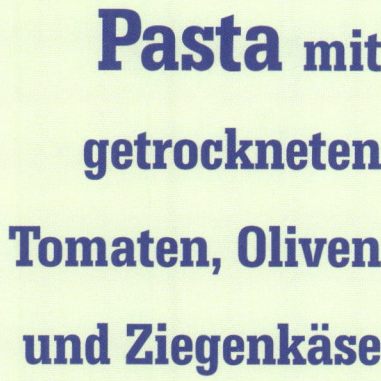

Pasta mit getrockneten Tomaten, Oliven und Ziegenkäse

 30 Min.

1 Stunde, davon 30 Min. im Ofen

Dazu passt Tomatensauce!

Tagliatelle
mit grünem Spargel, Pilzen und Schinken

45 Min.

Zutaten   Zubereitung

Zutaten	Zubereitung
500 g grünen Spargel	waschen, die Enden abschneiden, das untere Drittel schälen. In etwa 3 cm lange Stücke schneiden und je nach Umfang der Stangen auch halbieren.
1 Zwiebel	fein hacken.
250 g Champignons	putzen und in Scheiben schneiden.
500 g Tagliatelle	in reichlich sprudelndem Salzwasser bissfest kochen.
1 El Olivenöl	in einer Pfanne erhitzen. Zwiebel und Champignons zugeben und dünsten, bis die Pilze weich geworden sind und die Zwiebel glasig aussieht. Spargel zufügen, nochmals 4-5 Min. weitergaren.
100 g gekochten Schinken	würfeln und mit
1 El Zitronensaft	zum Gemüse geben.
1 Bund Basilikum, grob gehackt	
120 g Parmesan, frisch gerieben	
2 El Olivenöl	mit den Nudeln zum Gemüse geben und gut mischen.

Spanische Bohnen

Zutaten

100 g frische Puffbohnen
oder andere runde Bohnen

2 Knoblauchzehen

1 El geriebene Mandeln
2 El Olivenöl
Zitronensaft
Salz, Pfeffer

Zubereitung

in Salzwasser in etwa 30 Min. weich kochen. Abkühlen lassen. Die kalten Bohnen mit einem Kartoffelstampfer oder dem Pürierstab zerkleinern.

schälen, durch die Presse geben und unterrühren.

ebenfalls untermischen. Den Brei in 1 l kaltes Wasser rühren und gut abschmecken. Kalt servieren.

45 Min.

Dazu passt frisches Stangenweißbrot.

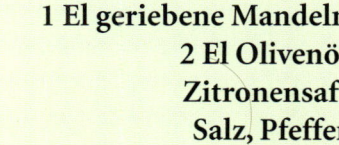

SEITE
37

Broccoli-Suppe mit Polenta

 **50 Min.**

Kinder mögen Suppen, wenn sie kein fades Einerlei sind. Bunte Gemüsestückchen, kleine Klößchen aus Fleisch oder Grieß und Motivudeln machen ihnen Lust zu Essen.

Zutaten

Zubereitung

Für die Polenta:

¼ l Milch	aufkochen.
100 g Maisgrieß	zufügen und unter Rühren 3 Minuten quellen lassen.
1 Bund Schnittlauch	waschen, trocken tupfen und in Röllchen schneiden.
50 g saure Sahne Salz, Pfeffer geriebene Muskatnuss	mit dem Schnittlauch unter die Maismasse mischen und würzen. Die Masse dünn auf Alufolie streichen und auskühlen lassen. Mit einem Backförmchen kleine Monde ausstechen.

Für die Suppe:

750 g Broccoli	putzen, waschen und in Röschen teilen.
1 Gemüsezwiebel (250 g)	schälen und in Würfel schneiden.
30 g Butter oder Margarine	in einem Topf zerlassen, Zwiebel und Broccoli darin andünsten.
¾ l Gemüsebrühe	angießen und etwa 15 Min. garen. Die Hälfte des Broccolis herausnehmen und beiseite stellen. Die Suppe pürieren und die Broccolistückchen wieder zugeben.
¼ l Schlagsahne Salz, Pfeffer geriebene Muskatnuss	unterrühren, abschmecken. Polenta zugeben und kurz erwärmen.

 **15 Min.**

Kräutersuppe mit Buttermilch

Apfeldicksaft gibt es im Reformhaus

Zutaten

Zubereitung

1 sauren Apfel	waschen, vierteln und vom Kerngehäuse befreien. Grob raspeln.
1 Salatgurke	waschen und grob raspeln.
1 Bund Kräuter (z.B. Schnittlauch, Petersilie)	waschen und fein hacken.
1 l Buttermilch 50 g gehackte Nüsse 5 El Zitronensaft Kräutersalz etwas Apfeldicksaft Haferflocken Meerrettich nach Geschmack	Alle Zutaten gut verrühren. Abschmecken und kühl servieren.

Zutaten
Zubereitung

Gazpacho

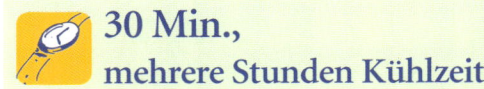 30 Min.,
mehrere Stunden Kühlzeit

Für die Suppe:
2 dicke Scheiben
altbackenes Baguette 5 bis 10 Min. in Wasser einweichen und ausdrücken.

500 g reife Tomaten häuten.
3 – 4 Knoblauchzehen schälen.
1 Frühlingszwiebel putzen und in grobe Stücke teilen.
½ Bund Basilikum abbrausen, Blätter abzupfen.
2 El Olivenöl, 1 – 2 El Weinessig,
250 ml eiskaltes Wasser, Meersalz,
Pfeffer, 1 Tl Rosenpaprika
1 Tl zerstoßener Kreuzkümmel Zusammen mit den anderen Zutaten in einem Mixer zu einer glatten Creme verrühren. Die Suppe durch ein Sieb streichen und abschmecken. Mehrere Stunden kalt stellen.

Zum Garnieren:
½ Salatgurke
1 rote oder grüne Paprikaschote schälen und fein würfeln.
2 Tomaten waschen, vierteln, vom Kerngehäuse befreien und in feine Würfel schneiden.
1 kleine Zwiebel häuten, fein würfeln und mit den Tomatenstückchen, der Gurke und der Paprika vermischen.

Jede Portion mit einem gehäuften Löffel Gemüsewürfel anrichten.

Apfelcreme-suppe mit Curry

 30 Min.

Zutaten
Zubereitung

4 große Äpfel schälen, vierteln und vom Kerngehäuse befreien.

2 Schalotten
1 Stück Ingwerwurzel (etwa 2 cm) putzen bzw. schälen und fein würfeln.
1 Knoblauchzehe schälen und durch die Presse drücken.
2 El Butter in einem Topf zerlassen, darin die Äpfel mit Ingwer, Schalotten und Knoblauch andünsten.

2 – 3 El Currypulver darüber stäuben und rühren, bis alles damit überzogen ist.

1 l Hühnerbrühe angießen. Zugedeckt etwa 15 Minuten köcheln, bis die Äpfel zerfallen sind.

Salz, Pfeffer, Muskat
Zitronensaft Die Suppe pürieren und gut abschmecken.
½ Bund Schnittlauch abbrausen und in feine Röllchen schneiden. Die Suppe in Teller füllen und mit Schnittlauch bestreut servieren.

Köchelt als echter Eintopf etwas länger (ca. 1 ½ Stunden). Am Vorabend Bohnen einweichen!

Zutaten ## Zubereitung

200 g weiße Bohnen am Vorabend in 2 l Wasser einweichen.

500 g durchwachsenen Speck in 1 cm große Würfel schneiden und zu den Bohnen geben. Im Einweichwasser etwa eine Stunde kochen lassen.

Die Einweichzeit und das lange Kochen fallen weg, wenn man Bohnen aus der Dose verwendet.

300 g grüne Bohnen
300 g Möhren
300 g Kartoffeln schälen bzw. putzen, Möhren und Kartoffeln in Scheiben schneiden. Das Gemüse zum Eintopf geben. Etwa 20 Min. garen.

200 g säuerliche Äpfel
200 g Birnen schälen, in Scheiben schneiden und mit in den Topf geben, weitere 15 Min. garen.

2 Zwiebeln, 30 g Butter würfeln, in der Butter goldgelb dünsten und zum Eintopf geben.

Salz, Pfeffer, Petersilie den Eintopf abschmecken.

Westfälisches Blindhuhn

Bergener Fischsuppe

 40 Min.

Zutaten | Zubereitung

Zutaten	Zubereitung
2 Zwiebeln	schälen und fein hacken.
200 g Karotten	
1 Kartoffel, 1 Knollensellerie	putzen, schälen und in kleine Würfel schneiden.
1 Stange Lauch, 1 Selleriestange	putzen und in dünne Scheiben schneiden.
1 l Fischbrühe (aus Köpfen und Gräten von Steinbutt und Lachs)	Gemüse in der Brühe etwa 12 Min. kochen lassen.
600 g Fisch (Kabeljau, Schellfisch, Heilbutt, Lachs, möglichst mindestens zwei Sorten)	waschen und entgräten.
Saft von ½ Zitrone, Salz	Fisch würzen, in Stücke schneiden und zu dem Gemüse in die Fischbrühe geben. Etwa 12 Min. bei geringer Temperatur ziehen lassen.
3 Eigelb, ⅛ l süße Sahne, ⅛ l saure Sahne, ½ Tasse Fischbrühe	verquirlen und in die Suppe geben, aber nicht mehr kochen lassen.
Salz, weißer Pfeffer	Abschmecken.
½ Bund Petersilie	abbrausen und hacken. Die Fischsuppe mit Petersilie bestreut servieren.

Avocadosuppe mit Maismehlfladen

Zutaten | Zubereitung

Zutaten	Zubereitung
3 reife Avocados	halbieren, die Steine herauslösen. Das Fruchtfleisch mit einem Löffel aus den Schalen nehmen. Im Mixer pürieren oder durch ein Sieb streichen.
⅛ l Sahne	mit der Avocadomasse verrühren.
¼ l Geflügelbrühe	
1 El trockener Sherry	zum Kochen bringen, vom Herd nehmen, das Avocadopüree einrühren.
½ Tl Salz	
1 Prise weißer Pfeffer	Die Suppe abschmecken und warmstellen.
4 El Maismehl	
1 Prise Salz	mit wenig Wasser zu einem festen Teig verkneten. Den Teig zwischen Pergamentpapier zu einem 3 mm dünnen Fladen ausrollen. Eine Eisenpfanne leer erhitzen, den Maisfladen darin von beiden Seiten goldgelb braten, aufrollen, in dünne Streifen schneiden und vor dem Servieren in die Suppe geben.

Avocadopflanze züchten! Dafür einen Avocadokern mit der spitzen Seite nach unten in ein kleines Glas mit Wasser hängen – nur etwa die Hälfte darf mit Wasser bedeckt sein. Damit der Kern hält, 4 Zahnstocher waagerecht hineinstecken. Nach ein paar Wochen schlägt der Avocadokern Wurzeln und kann in einen Topf mit Erde gepflanzt werden.

 20 Min.

Bibbelsches-bohnesupp un Quetschekuche

(Übersetzung: Buschbohnensuppe mit Pflaumenkuchen)

Pfälzische Küche

2 Stunden, davon 1 Stunde Gehzeit

Zutaten

Zubereitung

Für den Kuchen:

500 Mehl in eine Rührschüssel geben und eine Vertiefung in die Mitte drücken.

1 Würfel Hefe, ¼ lauwarme Milch, Zucker Hefe in der Milch auflösen. 1-2 El Mehl und etwas Zucker hineinrühren und die Mischung in die Vertiefung geben. Mit einem Küchentuch abdecken und etwa 20 Minuten gehen lassen.

100 g lauwarme Butter, 4 El Zucker, 1 Ei zugeben und mit dem Knethaken oder den Händen alles kräftig verkneten, bis der Teig Blasen wirft und sich vom Schüsselrand löst. Mit etwas Mehl bestäuben und in der Schüssel mit einem Küchentuch bedeckt etwa eine Stunde gehen lassen. Backofen auf 180° vorheizen.

2 ½ kg Zwetschgen waschen und entsteinen.
Zucker und Zimt (je nach Süße der Früchte) Den gegangenen Teig ausrollen und auf ein großes, mit Backpapier ausgelegtes Backblech legen. Dicht mit den Zwetschgen belegen und mit Zucker und Zimt bestreuen. Im Ofen etwa 30 Min. backen.

Für die Suppe:

1500 g Buschbohnen waschen, putzen und schräg in etwa 2 cm lange Stücke schneiden.
2 Stangen Lauch, 2 Möhren putzen und in Scheiben schneiden.
2 Zwiebeln schälen und grob hacken.
500 g Kartoffeln schälen und in Würfel schneiden.
2 Knoblauchzehen schälen und in feine Scheiben schneiden.
150 g Schinkenspeck in Würfel schneiden und in einem großen Topf langsam auslassen. Zwiebeln und Knoblauch im ausgelassenen Fett andünsten.

1 ½ l Gemüse- oder Fleischbrühe angießen und zum Kochen bringen.
Salz, Pfeffer, geriebene Muskatnuss Gemüse dazugeben und würzen. Bei leichter Hitze 20 Min. kochen. Zum Binden der Suppe die Kartoffeln herausnehmen, mit etwas Brühe zerstampfen und wieder zugeben.

1 Becher saure Sahne, Schmand oder Crème fraîche unterziehen.
Den lauwarmen Zwetschgenkuchen zur Suppe servieren.

Brezelsuppe aus der Pfalz

Zutaten | Zubereitung

Für die Brühe:

40 g Butterschmalz in einem großen Topf oder Bräter erhitzen.
1 kg Fleischknochen vom Kalb zugeben und unter häufigem Wenden leicht anbraten.

1 Bund Suppengrün putzen bzw. schälen und grob schneiden.
1 Zwiebel Zu den Knochen geben und andünsten.
500 g Hühnerklein zugeben und kurz durchmengen.
10 weiße Pfefferkörner
1 Lorbeerblatt, Salz
½ l Weißwein (Ruländer) angießen und einmal aufkochen.
2 l kochendes Wasser dazugeben. Die Brühe mit einer Schaumkelle abschäumen und bei kleiner Flamme im offenen Topf mindestens 2 Stunden köcheln. Durch ein Sieb geben, abkühlen lassen und überschüssiges Fett abheben. Eine Zubereitung für 7 Portionen ergibt 1 ½ l Brühe.

Für die Brezelsuppe:
60 g Butter, 40 g Mehl anschwitzen. Die vorbereitete Brühe angießen und 15 Min. durchkochen lassen.

100 ml süße Sahne
2 Eigelb
4 El Weißwein verquirlen und damit die Suppe legieren.
Salz, Pfeffer Gut durchschlagen und abschmecken.
in einem Pfännchen zerlassen.
40 g Butter in ½ cm dicke Scheiben schneiden und
2 Brezeln in der Butter beidseitig anrösten. Auf Suppentassen verteilen und mit heißer Suppe auffüllen.

½ Bund Petersilie abbrausen, feinhacken und darübergeben.

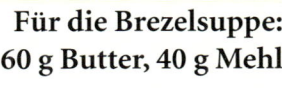

Natürlich geht das Ganze auch mit Gemüsebrühe und ohne Wein.

Für 6 Portionen
20 Min. für die Suppe;
2 ½ Stunden für die Brühe
am Vortag

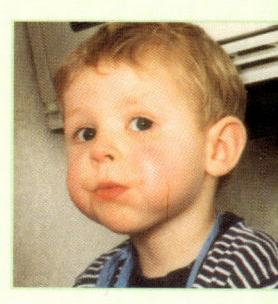

Polnisches Bigos

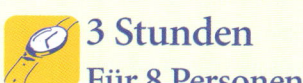 **3 Stunden**
Für 8 Personen

Zutaten Zubereitung

1 kg Sauerkraut	gut abtropfen lassen und, falls nötig, feiner schneiden.
1 kg Winterkohl	fein schneiden, mit heißem Wasser übergießen und gut abtropfen lassen.
10 getrocknete Steinpilze	waschen, mit etwas warmem Wasser knapp abdecken und 15 Min. einweichen lassen. In der Einweichflüssigkeit etwa 30 Min. kochen, gut abtropfen, Kochflüssigkeit aufheben.
2 Kochäpfel (z.B. Boskop)	schälen, vierteln, vom Kerngehäuse befreien und in Würfel schneiden.
2 Zwiebeln	schälen und hacken.
1 Tl Schweineschmalz	in einer Pfanne zerlassen und die Zwiebeln darin kurz andünsten.
10 Pflaumen	waschen und entsteinen.
10 Wacholderbeeren	
10 Pfefferkörner	zerdrücken.
1 Lorbeerblatt	
800 ml Wasser	Zusammen mit den anderen Zutaten in einen großen Topf geben, aufkochen und zugedeckt auf kleiner Flamme etwa eineinhalb Stunden köcheln lassen.
500 g gebratenes Schweinefleisch	
500 g gebratenes Rindfleisch	in Würfel schneiden.
600 g verschiedene Würste	in Scheiben schneiden.
2 El Schweineschmalz	in einer Pfanne zerlassen und die Würste und das Fleisch darin erhitzen. Alles zum Eintopf geben.
150 ml trockenen Rotwein	
1 Tl Honig, Salz, Pfeffer	zugeben und weitere 40 Min. köcheln lassen. Dabei häufig umrühren, damit nichts anbrennt. Heiß servieren.

Bigos eignet sich hervorragend zum Vorkochen und schmeckt aufgewärmt am besten!

Bigos schmeckt auch gut mit Entenfleisch und Wild.

Dazu passt Vollkornbrot.

Kalte Gurkensuppe

Zutaten

500 g Salatgurken

¼ l Hühnerbrühe
2 Bund Dill
125 g Crème fraîche
Salz
Pfeffer
Zitronensaft
2 Scheiben Weißbrot

Zubereitung

 20 Min.

schälen, halbieren, entkernen und in Scheiben schneiden. (Einige davon zur Dekoration beseite stellen.) Im Mixer oder mit dem Pürierstab pürieren.

dabei zugeben.
fein hacken und mit
unterrühren.

Die Suppe abschmecken und kalt stellen. Bevor die Suppe serviert wird, Brot in Würfel schneiden und in Butter anrösten. Die Würfel über der Suppe verteilen und mit Dill und Gurkenscheiben garnieren.

Portugiesisches Reisfleisch

Probieren Sie dieses Gericht auch einmal mit Fisch und Meeresfrüchten!

 40 Min.

Zutaten   Zubereitung

Zutaten	Zubereitung
1 Zwiebel	
2 Knoblauchzehen	schälen und sehr fein hacken.
2 Tomaten	häuten und in Würfel schneiden.
100 g grüne Bohnen	putzen.
1 Artischocke	Blätter entfernen und das Herz in kleine Stücke schneiden.
200 g Hühnerfleisch	
200 g Schweinefleisch	in kleine Stücke schneiden.
3 El Öl, Salz, Pfeffer	in einem großen Topf erhitzen und das Fleisch darin anbraten. Würzen. Zwiebeln und Knoblauch zugeben. Die klein geschnittenen Tomaten unterrühren.
3 Schöpfkellen Gemüsebrühe pro Person	angießen und zum Kochen bringen. Die Bohnen in die kochende Brühe geben.
100 g Erbsenschoten oder TK-Erbsen	zufügen und schließlich die Artischocken untermischen. Abschmecken.
½ Schöpfkelle Rundkornreis pro Person	zum Eintopf geben und 15 Minuten kochen.

Abguscht

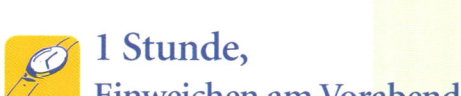 1 Stunde, Einweichen am Vorabend

Das Rezept stammt aus dem Nahen Osten.

Dazu passt Fladenbrot.

Zutaten   Zubereitung

Zutaten	Zubereitung
125 g Kichererbsen	über Nacht in kaltem Wasser einweichen.
500 g Lammfleisch	in große Stücke schneiden.
2 Zwiebeln	schälen und grob hacken.
1 Markknochen	zusammen mit Kichererbsen, Fleisch
Salz, Pfeffer	und Zwiebeln in einen großen Topf geben und reichlich Wasser dazugießen. So lange kochen, bis die Fleischstücke und die Kichererbsen fast gar sind (etwa 30 Min.).
2 Tomaten	häuten.
500 g grüne Bohnen	waschen und abziehen.
4 Kartoffeln	schälen und vierteln. Alle Zutaten zum Eintopf geben.
1 El Tomatenmark	in etwas Wasser auflösen und einrühren.
Salz, Pfeffer, Piment, Zimt	Mit den Gewürzen gut abschmecken. Etwa 20 Min weiterkochen, bis alle Zutaten gar sind. Heiß servieren.

Buchweizenpfannkuchen mit Stachelbeerkompott

Zutaten   ## Zubereitung

 **1 Stunde**

50 g Weizenmehl
50 g Buchweizenmehl
50 g Zucker
Salz
¼ l Milch — in einer Schüssel gut verrühren und mindestens 30 Min. quellen lassen.

500 g Stachelbeeren — putzen, waschen, Stiele und Blüten entfernen.
125 g Kiwi-Stachelbeer-Konfitüre — in einem Topf schmelzen.
3 El Wasser
25 g Zucker — zusammen mit den Stachelbeeren zugeben. Alles aufkochen lassen.

2 Tl Speisestärke — in etwas kaltem Wasser glatt rühren und in das Kompott einrühren. Nochmals aufkochen lassen und auf der ausgeschalteten Herdplatte 5 Min. ziehen lassen, dann kalt stellen.

¼ l Schlagsahne — halbfest schlagen.
3 Eier — verquirlen und in den Teig rühren.
Butterschmalz — Pro Pfannkuchen 10 g Butterschmalz in
50 g gehobelte Mandeln — einer Pfanne zergehen lassen, jeweils 1 El Mandeln dazugeben und eine Kelle Teig darüber gießen. Die Pfannkuchen von jeder Seite 1 – 2 Min. backen.
Pfannkuchen mit Stachelbeerkompott und Sahne füllen und zusammenklappen.
Puderzucker — darüber stäuben und servieren.

Zutaten   Zubereitung

Zutaten	Zubereitung
2 Scheiben Schwarzbrot	zerkrümeln.
¼ l Rotwein oder nicht zu süßer Kirschsaft	Schwarzbrot für 15 Min. einweichen, abtropfen lassen.
6 Eier	trennen.
½ Tl Zimt	
125 g Puderzucker	
50 g Butter	mit den Eigelben verrühren.
350 g Backpflaumen ohne Stein	klein schneiden.
60 g Mehl	
100 g gehackte Mandeln	mit dem Brot und den Backpflaumen zu der Eigelbmasse geben.
Eiweiß	steif schlagen, unter den Teig ziehen und in eine eingefettete Puddingform füllen. 1 ¼ Stunden im Wasserbad kochen. Falls der Pudding dann noch feucht ist, in der geöffneten Form im mäßig warmen Backofen ca. 20 Min. trocknen lassen.

Dazu passen frisches Obst und Vanillesauce.

Brotpudding mit Backpflaumen

 **45 Min.**

Getreidebratlinge

Zutaten Zubereitung

2 Eier hart kochen und mit kaltem Wasser abschrecken. Schälen und grob hacken.

200 g Getreidekörner (3- oder 6-Korn-Mischung) oder 200 g Getreideschrot grob schroten und mit der gleichen Menge Wasser kurz aufkochen. Im Anschluss 5–10 Min. quellen lassen.

1 – 2 Zwiebeln schälen und fein hacken.

1 – 2 Knoblauchzehen
100 g Kichererbsen- oder Mungobohnensprossen
½ Bund Petersilie
½ Bund Schnittlauch abbrausen und grob hacken.
Salz, Pfeffer, Ingwer, Curry Alle Zutaten in einer Schüssel zusammenrühren. Mit Gewürzen nach Geschmack abschmecken.

100 g Weizen- oder Dinkelmehl
100 g Semmelbrösel
3 Eier hinzufügen und zu einem festen Teig verrühren.

Semmelbrösel in einen tiefen Teller geben. Mit einem großen Löffel Bratlinge vom Teig abstechen und solange in den Semmelbröseln wälzen, bis sie nicht mehr kleben.
in einer Pfanne erhitzen und die Bratlinge auf beiden Seiten knusprig braun braten.

Jedes Reformhaus schrotet Ihnen auch die Körner vor Ort, wenn Sie selbst keine Getreidemühle haben, oder verkauft fertig geschrotete.

Mungobohnensprossen gibt's fertig aus dem Glas oder frisch im Supermarkt. Wer selbst keimen lassen möchte (für Kinder ist das sehr interessant!), s. Tipp S. 26.

Dazu passt gedünstetes Gemüse mit einer hellen Soße.

Übriggebliebene Bratlinge schmecken auch kalt recht gut und können problemlos eingefroren und noch mal aufgewärmt werden.

Gemüseeintopf mit Dinkel

Zutaten | Zubereitung

40 g Dinkelkörner oder anderes Getreide	über Nacht in reichlich Wasser einweichen. Am nächsten Tag im Einweichwasser ca. 30 Min. kochen (Schnellkochtopf 10 Min.), anschließend in einem Sieb abtropfen lassen.
2 Zwiebeln	
300 g Möhren	schälen bzw. putzen und in Würfel schneiden.
2 Tl Öl	in einem Topf erhitzen, Zwiebel darin glasig dünsten.
250 g TK-Erbsen	zusammen mit den Möhren und dem Getreide zugeben.
½ l Gemüsebrühe	hineingießen, nochmals zum Kochen bringen und 12 bis 15 Min. auf kleiner Flamme dünsten.
2 El Sonnenblumenkerne	
Koriander	
Majoran	
Salz, Pfeffer	untermischen, würzen und abschmecken.
½ Bund Petersilie	
½ Bund Schnittlauch	abbrausen, fein hacken und über den Eintopf streuen.
50 g Parmesankäse	reiben und das Gericht damit garniert servieren.

Beim Kochen von Getreide sollte kein Salz zugefügt werden, da es sonst nicht weich kocht.

1 Stunde, Einweichen am Vorabend

Quinoa-Risotto mit Erbsen

 45 Min.

Zutaten | Zubereitung

40 g Butterschmalz	in einer tiefen Pfanne oder einem Topf erhitzen und
375 g Quinoa	darin andünsten.
500 g Möhren	putzen und in etwa 2 cm lange, schmale Streifen schneiden. Zum Getreide geben und ca. 1 Min. weiterdünsten.
¾ l Gemüsebrühe	angießen und etwa 20 Min. auf kleiner Flamme garen.
600 g TK-Erbsen (2 Packungen)	nach 10 Min. dazugeben und mitgaren.
Paprikapulver	
Salz, Pfeffer	Abschmecken.
50 g Parmesankäse	hobeln und auf dem Risotto anrichten.

Quinoa ist seit 6000 Jahren in Süd- und Mittelamerika verbreitet. Als ganze oder geschrotete Körner verwendet man Quinoa in Suppen, Aufläufen und Eintöpfen oder als Beilage. Erhältlich ist es im Reformhaus.

Quark-Grieß-Auflauf mit Äpfeln

 30 Min.

Zutaten

80 g Butter
80 g Zucker
1 Msp. Zimt
4 Eigelb

1 Msp. Backpulver
80 g Grieß
500 g Quark
50 g Rosinen
4 Eiweiß

4 Äpfel

etwas Butter

Zubereitung

Aus den Zutaten eine schaumige Masse schlagen.

mischen und unter die Schaummasse rühren.
ebenfalls unter die Masse mischen.
steif schlagen und unter die Quarkmasse heben. In eine gefettete Auflaufform füllen.
schälen, Kerngehäuse ausstechen und die Äpfel in Ringe schneiden, die Ringe dann in die Quarkmasse drücken.
Den Auflauf mit Butterflöckchen belegen und die Form mit Alufolie verschließen. In den kalten Backofen stellen, bei 220° ca. 50-60 Min. backen.

Dazu passt Vanillesauce.

Hähnchen-Champignon-Auflauf mit Reis

1 Stunde

Zutaten / Zubereitung

**350 g Reismischung
mit 5 Getreiden, Wildreis
oder 250 g Langkornreis** in ½ l kochendes Salzwasser geben und zugedeckt bei schwacher Hitze ca. 20 Min. quellen lassen. Backofen auf 225° vorheizen.

Reismischungen gibt es in Reformhäusern oder gut sortierten Supermärkten.

**4 Hähnchenfilets à 100 g
Pfeffer, gemahlener Ingwer** mit Wasser abspülen, mit Küchenkrepp trocken tupfen und würzen.
3 El Öl in einer Pfanne erhitzen und das Fleisch auf jeder Seite etwa 5 Min. braten.

**50 g Austernpilze oder
rosa Champignons
200 g Champignons** putzen und halbieren.
200 g Lauch putzen, waschen und in Ringe schneiden. Fleisch aus der Pfanne nehmen und salzen.
Salz, Pfeffer Pilze und Lauch im Bratfett andünsten und würzen.
Fleisch in Scheiben schneiden. Mit der Reismischung und dem Pilzgemüse in eine feuerfeste Form füllen.
50 g Gouda reiben.
**150 g Crème fraîche
⅛ l Milch** mit dem Käse verrühren und auf den Auflauf geben. Im Backofen etwa 10 Min. überbacken.

Zucchini mit Getreide und Kräutern

45 Min., davon 20 Min. im Ofen; Einweichen am Vorabend

Noch besser schmeckt es, wenn man reichlich Tomatensauce in die feuerfeste Form gibt.

Zutaten — Zubereitung

Zutaten	Zubereitung
2 El Weizen oder Roggen	über Nacht in reichlich Wasser einweichen. Am nächsten Tag im Einweichwasser in etwa 30 Min. (Schnellkochtopf 10 Min.) weich kochen. Backofen auf 200° vorheizen.
1 Zwiebel **2 Knoblauchzehen**	schälen und fein hacken.
2 Tomaten	häuten, entkernen und in Würfel schneiden.
100 g schwarze Oliven	entkernen und grob hacken.
2 El Ölivenöl	in einer Pfanne erhitzen. Zwiebel und Knoblauch glasig dünsten, dann die Gemüsewürfel hinzufügen und in etwa 10 – 15 Min. zu einer Sauce einkochen lassen.
20 g Gouda oder Emmentaler	reiben.
½ El Semmelbrösel	zusammen mit dem Getreide und dem Käse in die Sauce rühren.
1 Ei	verquirlen und ebenfalls unterrühren.
½ Bund Petersilie **½ Bund Basilikum** **Schnittlauch**	Kräuter abbrausen, fein hacken und unterrühren. Mit den Gewürzen gut abschmecken. Die Sauce in die Zucchini-Boote füllen und sie in eine feuerfeste Form legen. Im Backofen in etwa 20 Min. backen, bis sie gar sind.
Nelkenpulver **Salz, Pfeffer**	

Buchweizen-Schmarrn

1 Stunde 15 Min., davon 45 Min. Ruhezeit

Zutaten — Zubereitung

Zutaten	Zubereitung
50 g Rosinen	in
4 El Orangenlikör	etwa eine Stunde einweichen.
2 Eier	
⅛ l Milch	
80 g Buchweizenmehl oder Weizenmehl	
1 El Zucker	
Salz	zu einem glatten Teig verrühren. 45 Min. quellen lassen.
30 g Butter oder Margarine	in einer großen Pfanne erhitzen. Die Hälfte der Teigmenge zufügen und vier Min. backen. Pfannkuchen wenden und zwei Min. weiterbacken. Dann den Pfannkuchen mit zwei Gabeln auseinanderreißen.
2 El Schlagsahne 2 El gehackte Haselnüsse	zusammen mit der Hälfte der Rosinen hinzufügen und unter häufigem Wenden noch 3 Min. hellbraun backen. Herausnehmen und warm stellen.
30 g Butter oder Margarine	in der Pfanne erhitzen und den zweiten Pfannkuchen ebenso backen.
2 El Schlagsahne 2 El gehackte Haselnüsse	und die restlichen Rosinen zufügen und fertig backen.
1 El Puderzucker	über die Schmarrn stäuben und servieren.

Statt Orangenlikör Orangensaft verwenden.

Buchweizen

Zutaten — Zubereitung

Zutaten	Zubereitung
60 g Buchweizen, fein geschrotet	in einem trockenen Topf ohne Fett bei mittlerer Hitze unter ständigem Rühren anrösten, bis er angenehm würzig duftet. In ein Gefäß umfüllen.
100 g Lauch	putzen, waschen und in feine Streifen schneiden.
50 g Sellerie	schälen und fein raffeln.
10 g Butter	in einer Pfanne zerlassen und das Gemüse darin anschwitzen.
50 g gehackte Mandeln	zugeben und kurz mitschwitzen. Buchweizen zugeben.
700 ml Gemüsebrühe	angießen. Einige Minuten köcheln lassen.
50 ml Sahne oder Crème fraîche Kräuter- oder Vollmeersalz ½ Tl Honig 3 El Zitronensaft Pfeffer geriebene Muskatnuss	einrühren und die Suppe abschmecken.
½ Bund Petersilie	abbrausen, fein hacken und die Suppe damit bestreut servieren.

Buchweizen-cremesuppe mit Mandeln

30 Min.

Buchweizengnocchi

Zutaten

Zubereitung

**1 Stunde
30 Min.**

Für die Gnocchi:

800 g mehlig kochende Kartoffeln	mit Schale in etwa 15 Minuten gar kochen. schälen und fein würfeln.
2 Zwiebeln	
3 El Olivenöl	in einem Topf erhitzen, Zwiebeln darin glasig braten.
150 g Buchweizengrütze	zufügen und kurz anrösten.
400 ml Wasser, Salz	angießen, salzen und aufkochen. Buchweizen bei milder Hitze in 25 bis 30 Min. ausquellen, dann abkühlen lassen.

20 g Butter
2 Eigelb
3 El Vollkorn-Weizenmehl
geriebene Muskatnuss
Salz mit der abgekühlten Kartoffelmasse und dem Buchweizen zu einem festen Teig kneten.

20 g Butter in einem Pfännchen zerlassen. Reichlich Salzwasser in einem großen Topf bis kurz vor dem Kochen erhitzen (das Wasser darf nicht kochen!). Mit zwei Esslöffeln gleichmäßige Gnocchi (Klößchen) vom Teig abstechen und ins Wasser gleiten lassen. Dabei stets nur etwa acht Gnocchi gleichzeitig garen. Sie sind fertig, sobald sie an die Oberfläche steigen. Mit einem Schaumlöffel herausheben, gründlich abtropfen lassen und mit etwas zerlassener Butter beträufeln. Warm stellen.

Variationen

Und zur Essenszeit sagte Boas zu ihr: Tritt hierher und iss von dem Brot und tunke deinen Bissen in den Essig! Da setzte sie sich neben die Schnitter, er aber reichte ihr geröstete Körner, und sie aß und wurde satt und ließ sogar etwas übrig. (Rut 2,14)

Für die Sauce:

250 g kleine Champignons	putzen und in dünne Scheiben schneiden.
20 g Butter	in einem Topf zerlassen und die Pilze darin andünsten.
½ l Hühnerbrühe	angießen und aufkochen.
125 g Doppelrahmfrischkäse mit Kräutern	einrühren und schmelzen lassen. Die Sauce bei starker Hitze etwas einkochen lassen.
2 El Crème fraîche	einrühren und die Sauce abschmecken.
Salz, weißer Pfeffer	

Gemüse:

250 g Prinzessbohnen	
250 g Zuckerschoten	waschen und Fäden abziehen.
250 g grünen Spargel	schälen und in etwa 6 cm lange Stücke schneiden.

Getrennt voneinander in reichlich Salzwasser die Bohnen 6 bis 8 Min., die Zuckerschoten 3 bis 4 Min. und den Spargel 12 bis 15 Min. garen. Abgießen und in der restlichen erhitzten Butter schwenken. Gnocchi, Gemüse und Sauce auf Tellern anrichten.

Statt des Gemüses schmeckt auch ein frischer gemischter Salat gut zu den Gnocchi.

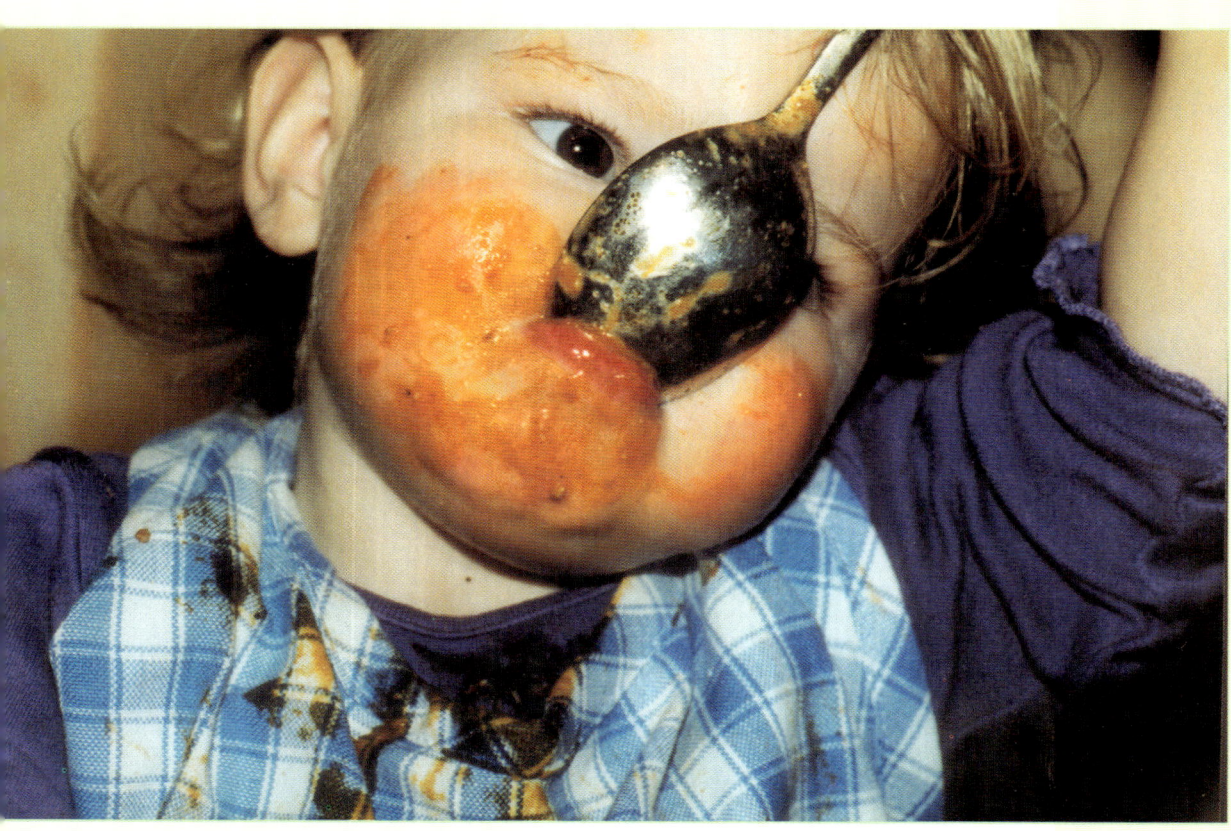

Tomatenquinoa

Zutaten

300 g kleine Champignons
200 g Rouladenfleisch
1 El Öl
250 g Quinoa
300 ml Tomatensaft, gesalzen
1 Prise getrockneten Lavendel

2 El Sahne

Zubereitung

putzen und die Enden abschneiden.
in schmale Streifen schneiden.
erhitzen, das Fleisch kräftig anbraten.
Pilze und Quinoa zugeben.

hinzufügen und untermischen. Kurz aufkochen. Die Herdplatte herunterschalten und den Quinoatopf bei schwacher Hitze etwa 10 Min. garen.
unterziehen und den Eintopf in einer Schüssel anrichten.

40 Min.

Würziger Reis mit Linsen

2 Stunden, davon 1 Stunde Einweichzeit

Zutaten — Zubereitung

Zutaten	Zubereitung
250 g Langkornreis	1 Stunde einweichen, dann abtropfen lassen.
125 g braune Linsen	1 Stunde in reichlich Wasser einweichen. Die Linsen abtropfen lassen, mit kochendem Wasser übergießen und 15 Min. kochen. Abgießen.
1 große Zwiebel 2 Knoblauchzehen	schälen und fein hacken.
4 El Butterschmalz	in einem Topf erhitzen und Zwiebeln und Knoblauch darin andünsten.
1 frische grüne Chilischote	entkernen, fein hacken und hinzufügen.
1 Tl Ingwer	reiben und ebenfalls mitdünsten.
1 Zimtstange 2 Gewürznelken ½ Tl Kurkuma 1 Lorbeerblatt	dazugeben. 2 Min. unter ständigem Rühren kochen.
125 g rote Linsen	zusammen mit dem Reis und den braunen Linsen dazuschütten, gut vermengen und soviel Wasser dazugießen, dass es 3 cm über den Linsen und dem Reis steht. Aufkochen und 20 Min. köcheln oder bis die gesamte Flüssigkeit aufgesogen ist.
2 Frühlingszwiebeln	putzen, fein hacken und unterrühren. Vor dem Servieren Zimtstange und Lorbeerblatt entfernen.

Amaranth-Gemüsepfanne

30 Min.

Zutaten — Zubereitung

Zutaten	Zubereitung
150 g Amaranth	in 450 ml Wasser in ca. 15 Min. gar kochen.
200 g Lauch	putzen, waschen und in feine Streifen schneiden.
3 El Olivenöl, 50 g Butter	in einer tiefen Pfanne erhitzen und den Lauch darin anbraten.
½ l Gemüsebrühe	angießen und vorgekochten Amaranth hinzugeben.
150 g Möhren	putzen und ebenfalls in feine Streifen schneiden.
50 g Walnusskerne	grob hacken.
½ Bund Petersilie	abbrausen und fein hacken. Möhren zu dem Amaranth-Gemisch geben und 10 Min. garen.
1 Tl abgeriebene Zitronenschale Salz, Pfeffer	Gehackte Walnusskerne und Petersilie unterheben und mit Zitronenschale, Salz und Pfeffer abschmecken

Die winzigen sesamähnlichen Körnchen aus Südamerika sind ein hervorragender Eiweiß- und Eisenlieferant. Bei uns sind sie in Naturkostläden und Reformhäusern erhältlich.

Abgeriebene Zitronenschale hält sich in einem Gläschen eingezuckert einige Wochen im Kühlschrank.

Quinoa mit Wirsing und Safransauce

30-40 Min.

Vorsicht stillende Mütter: Salbei hat abstillende Wirkung!

Zutaten — Zubereitung

Zutaten	Zubereitung
250 g Quinoa	auf ein Haarsieb geben, unter heißem Wasser gut abspülen und abtropfen lassen.
1 Zwiebel	schälen und fein würfeln.
1 El Sonnenblumenöl	in einem Topf erhitzen, Zwiebeln darin glasig dünsten. Quinoa zufügen und kurz anbraten.
500 ml Gemüsebrühe	angießen und Quinoa zugedeckt bei mittlerer Hitze 20 Minuten garen.
1 Wirsing	Die äußeren Blätter entfernen und Wirsing vierteln. Einen Teil des Strunkes vorsichtig entfernen, so dass die Blätter nicht auseinander fallen. Wirsing waschen.
1 El Butter oder Margarine	in einem breiten Topf erhitzen und den Wirsing darin von allen Seiten leicht anbraten. Abschmecken.
frischer Salbei, Salz	
250 ml Gemüsebrühe	angießen und die Wirsingviertel noch etwa 10 Min. dünsten. Dann auf ein Sieb geben und gut abtropfen lassen. Den Salbeisud auffangen und für die Sauce aufbewahren. Wirsing zum Warmhalten zurück in den Topf geben.
Safransauce:	
150 ml Sahne	
einige Fäden Safran	
oder Gelbwurz	in einen Topf geben und mit einem Schneebesen gut verrühren. Das Ganze aufkochen lassen, bis es eindickt. Erst dann etwa 150 ml Salbeisud angießen und die Sauce erneut aufkochen lassen. Evtl. mit Salz nachwürzen.
	Quinoa portionsweise auf Tellern verteilen, den Wirsing daneben anrichten und die Safransauce darüber gießen.

Vollkorn-Gemüsekuchen

Zutaten

250 g 5-Korn-Getreidemischung oder Weizen-Roggen-Mix, sehr fein geschrotet
250 g Magerquark, 125 g Butter

1 kg Gemüse (Karotten, Zucchini, Kohl, Blumenkohl, Broccoli, Zwiebeln, Paprika etc.)
3 El Öl

1 Dose Tomaten oder 500 g frische Tomaten

100 ml Sahne
100 ml Joghurt
4 Eier, Salz, Pfeffer
verschiedene Kräuter (z.B. Majoran, Thymian, Basilikum, Oregano)

200 g Käse (z.B. Emmentaler)

Zubereitung

Backofen auf 200° vorheizen.

mit den Händen zerkneten und auf einem Backblech oder in einer großen Auflaufform ausrollen, dabei auch den Rand mit Teig belegen. Den Teig 10 Min. vorbacken.

putzen bzw. schälen und in kleine Würfel schneiden.

in einem Topf erhitzen und das Gemüse darin 5 bis 10 Min. andünsten. Evt. etwas Wasser hinzugeben.

Dosentomaten in einem Sieb abtropfen lassen. Frische Tomaten am stiellosen Ende kreuzförmig leicht einritzen, kurz in siedendes Wasser legen und häuten. Tomaten in Scheiben schneiden und auf der Gemüse-mischung verteilen.

verrühren und nach Geschmack würzen. Die Mischung über das Gemüse gießen.

reiben und auf dem Gemüsekuchen vertei-len. 30 Min. backen und heiß servieren.

1 Stunde, davon 30 Min. Backzeit

Hier sind der Phantasie keine Grenzen gesetzt. Verwenden Sie jeweils die frischen Gemüse der Saison, die Markt und Garten her-geben.

Kochen mit Kindern

„Lasagne ist das Beste, aber alles andere geht auch!", meinte unsere Sechsjährige vor ein paar Tagen, als wir uns zum gemeinsamen Kochen am nächsten Tag verabredeten. Es ist eine der größten Belohnungen für sie (und auch für ihre vierjährige Schwester!), wenn sie mit einem von uns zusammen kochen darf. Und ehrlich gesagt – Papa und Mama gefällt es auch. Ungefähr einmal in der Woche kochen wir zusammen mit unseren Kindern. Wir benötigen dazu dreierlei: Rohstoffe, Zeit und halbwegs gute Nerven. Denn im Lauf von wenigen Minuten verwandelt sich die Küche in ein Chaos!

Einige Tipps, die sich bei uns bewährt haben:

• *Fangen Sie mit einfachen Rezepten an!* Und scheuen Sie sich nicht davor, dasselbe Gericht immer wieder zu kochen. Viele Kinder (und nicht nur die ...) lieben die Wiederholung!
• *Trauen Sie Ihren Kindern etwas zu!* Wir sind oft überrascht, was unsere Kinder schon alles können.
• *Nehmen Sie bei den angegebenen Mengen immer etwas mehr* und lassen Sie die Kinder von möglichst vielen „Rohstoffen" kosten. Sie lieben es – und ganz nebenbei entwickelt sich der Geschmack!
• *Geben Sie Ihren Kindern zum Schneiden von Gemüse lieber scharfe* als stumpfe Messer. Oft kommt es dann zu Schnittwunden, wenn Kinder mit stumpfen Messern abrutschen!

Übrigens:

Kochen mit Kindern hat neben dem Spaß, den auch die Eltern dabei haben, eine ganze Reihe an pädagogischen Nebenwirkungen. Kinder bekommen ein Gespür für den Stellenwert von Essen und Trinken. In ihnen wächst ein Wertgefühl für die Arbeit, die hinter vielen Gerichten steckt. Sie merken, dass derjenige, der hemmungslos rumkleckert und rumspritzt, hinterher doppelt so lange zum Aufräumen braucht. Und die beste „Nebenwirkung": Sie essen lieber, was sie selbst gerührt, geschnitten, gekocht und gebrutzelt haben. Wir haben Rezepte ausgewählt, die Kinder auf jeden Fall (erst einmal) gemeinsam mit ihren Eltern kochen sollten.

Viel Spaß beim Ausprobieren!

Broccoli-Zucchini-Rohkost

Zutaten	Zubereitung
300 g Broccoli	in kleine Röschen teilen, waschen, abtropfen lassen.
300 g Zucchini	waschen, in dünne Scheiben schneiden.
für die Sauce:	
1 Schalotte oder kleine Zwiebel	schälen und fein würfeln.
1 Knoblauchzehe	durchpressen.
2-3 El Zitronensaft	
½ Tl scharfer Senf	
Salz, Pfeffer	
Öl	mit der Schalotte und der Knoblauchzehe in ein Schraubglas füllen, kräftig schütteln, bis alles gut vermischt ist.

Gemüse in eine Schüssel legen und mit der Sauce begießen. 12-24 Stunden durchziehen lassen, dabei hin und wieder umrühren.

Die Rohkost sieht besonders gut aus, wenn man sie auf einigen Blättern Radicchio anrichtet. Dazu: Weißbrot.

20 Min., Marinierzeit: über Nacht

Spaghetti mit frischer Tomatensauce

20 Min.

Einfach und köstlich, aber die Tomaten müssen wirklich reif sein!

Zutaten	Zubereitung
300 g reife Tomaten	in sehr kleine Würfel schneiden.
1-2 Knoblauchzehen	in der Knoblauchpresse zerdrücken und zu den Tomaten geben.
1 Bund Basilikum	hacken und ebenfalls zu den Tomaten geben.
50 ml Olivenöl	unterrühren.
Salz, Pfeffer, Prise Zucker	die Sauce abschmecken und ziehen lassen, während die Nudeln kochen.
500 g Spaghetti	in 3 l kochendem Salzwasser bissfest garen. Mit der Sauce mischen.

Zutaten   Zubereitung

6 Kartoffeln schälen, in Würfel schneiden und in reichlich Salzwasser in etwa 15 Min. bissfest kochen. Abgießen. Das Kochwasser aufheben.

3 El Butter erhitzen.

6 El Grünkernmehl, frisch gemahlen in der Butter anschwitzen, bis es eine zartgrüne Färbung annimmt. Mit der Kartoffelbrühe aufgießen und sämig einkochen.

½ l Buttermilch einrühren. Erhitzen, aber nicht mehr kochen. Kartoffelwürfel einlegen und

Salz, Pfeffer abschmecken.

1 Stange Lauch putzen und in feine Ringe schneiden.

2 Frühlingszwiebeln Je nach Geschmack roh oder in etwas Butter angedünstet über die Suppe streuen.

Buttermilch-Lauch-Suppe

30 Min.

Wer mag, kann ein Paar Sojawürstchen oder Wienerle in der Suppe warm machen.

---

1 Stunde, davon 50 Min. im Ofen

Tomaten-Überraschung

Zutaten   Zubereitung

Backofen auf 180° vorheizen.

4 sehr große Fleischtomaten waschen und jeweils oben einen Deckel abschneiden. Die Tomaten sehr vorsichtig mit einem Löffel aushöhlen, dabei aufpassen, dass die Haut der Tomate ganz bleibt.

100 g Emmentaler reiben und jeweils etwa 1 Tl Käse in jede Tomate füllen.

4 Eier nacheinander aufschlagen und in die Tomaten gleiten lassen.

½ Bund Schnittlauch, Petersilie oder Basilikum abbrausen und sehr fein hacken. Restlichen Käse und Kräuter auf den Tomaten verteilen. In eine feuerfeste Form setzen und in etwa 50 Min. im Backofen backen, bis der Käse geschmolzen ist.

Dazu passt Vollkornreis.

2 Stunden,
davon 1 Stunde Gehzeit,
30 Min. im Ofen

Pizza-Grundrezept

Statt selbst gemachtem Hefe-
teig kann man natürlich
auch fertigen Teig aus dem
Kühlregal nehmen und belegen.
Dann entgeht den Kindern
allerdings das Knetver-
gnügen!

Zutaten Zubereitung

Für den Teig:
400 g Mehl
1 Päckchen frische
oder Trocken-Hefe
1 Ei
1 Tasse lauwarmes Wasser
½ Tl Salz Alle Zutaten in eine Schüssel geben.
Mit einem Holzlöffel verrühren, bis
ein klebriger Teigkloß entsteht. Wenn
der Teig zu klebrig ist, ein bisschen
mehr Mehl zugeben. Den Teig zugedeckt an einem warmen Ort ca. 1
Stunde gehen lassen, er soll sich ungefähr verdoppeln.
Dann den Teig mit der Hand
gründlich durchkneten, eventuell
noch etwas Mehl zugeben, bis der
Teigkloß sich vom Schüsselrand
vollständig gelöst hat. Auf einem
gefetteten Backblech gleichmäßig ausrollen.
Backofen auf 200° vorheizen.

Die Pizza kann man auch mit
Gemüse belegen. Gut eignen
sich Champignons, Broccoli,
Spinat, Mais.

Für den Belag:
1 kl. Dose Tomatenmark gleichmäßig darauf verteilen.
6 reife Tomaten waschen, die grünen Blütenansätze
entfernen und in dünne Scheiben
schneiden.

100 g Salami in feine Scheiben schneiden und alles
Käse nach Geschmack auf den Teig legen. Der Käse kommt
(1 Päckchen Mozzarella ganz nach oben.
oder 150 g Gouda o. Ä.)
Oregano nach Geschmack darüber streuen. Im
Ofen etwa 30 Min. backen, bis der
Käse gut verlaufen ist.

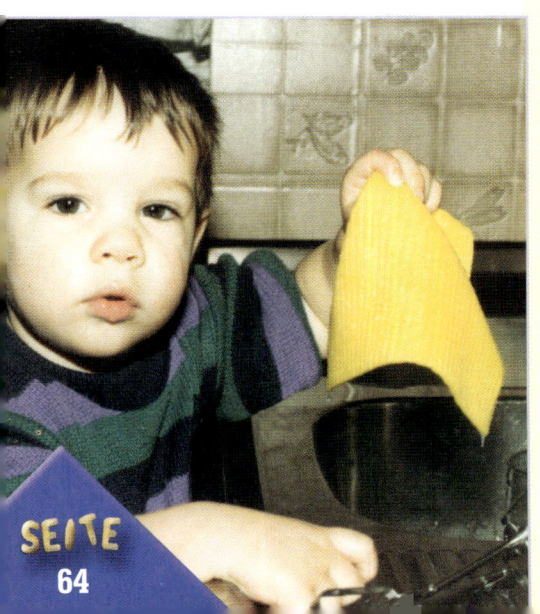

Blitz-Pizza

Wer Einzelportionen herstellen will, kann statt des Fladenbrots Baguettebrötchen verwenden.

Zutaten

1 Fladenbrot
Tomatenmark
Salami, Käse, Gemüse ...

Zubereitung

quer durchschneiden.
Das Fladenbrot bestreichen.
Die „Pizza" nach Geschmack belegen (Käse immer oben) und im Backofen überbacken.

Bunte Murmeln

Zutaten

500 g Magerquark
100 g Frischkäse
Salz
2 Scheiben Pumpernickel

½ Bund Schnittlauch
2 El gerösteter Sesam
2 El gehackte Haselnüsse
2 El Mohn

Zubereitung

in einem Mulltuch pressen, bis er trocken ist.
mit dem Quark verkneten und mit
abschmecken.
aufeinanderlegen und in Würfel von etwa
1 cm Kantenlänge schneiden. Mit einem
Teelöffel Käseportionen abstechen, jeweils 1
Brotwürfel hineindrücken und zu einer Kugel
formen.
abbrausen und in feine Röllchen schneiden.

in einem tiefen Teller mit dem Schnittlauch vermischen und die Käsekugeln darin wälzen. Die Kugeln können gut mit Spießchen gegessen werden.

Für etwa 32 Stück
15 Min.

Piratenschnitzel

Zutaten

400 g Käse (z.B. Gouda oder Emmentaler)

20 g Butter oder Margarine

4 kleine Tomaten

½ Bund Petersilie

Pfeffer

Zubereitung

in etwa 1 cm dicke Scheiben schneiden.

in einer großen, beschichteten Pfanne zerlassen und die Käsescheiben hineinlegen.

waschen, die grünen Blütenansätze entfernen und in dünne Scheiben schneiden. Auf jedes Käsestück 1 bis 2 Tomatenscheiben legen.

abbrausen und fein hacken.

und Petersilie über die Piratenschnitzel streuen. Wenn der Käse verläuft und schön brutzelt, sind die Schnitzel fertig.

Dazu passen Röstbrot und ein frischer Salat.

15 Min.

Pikante Blätterteighörnchen

30 Min., davon 20 Min. im Ofen

Zutaten

1 Packung Tiefkühl-Blätterteig

200 g gekochter Schinken

150 g Käse (z.B. Gouda oder Emmentaler)

1 Becher Kräuter-Crème fraîche (150 g) 1 Msp. Curry

Milch

Zubereitung

Backofen auf 200° vorheizen.

auftauen, mit einem Nudelholz ausrollen und jede Scheibe diagonal halbieren.

in feine Würfel schneiden.

raspeln.

zusammen mit dem Schinken und dem Käse in eine Schüssel geben und gut vermengen. 1 El voll von der Masse auf jedes Blätterteigstück geben und Hörnchen formen. Etwa 20 Min. backen.

Nach etwa 10 Min. Backzeit mit etwas Milch bepinseln. Heiß servieren.

Dazu passt ein frischer Salat.

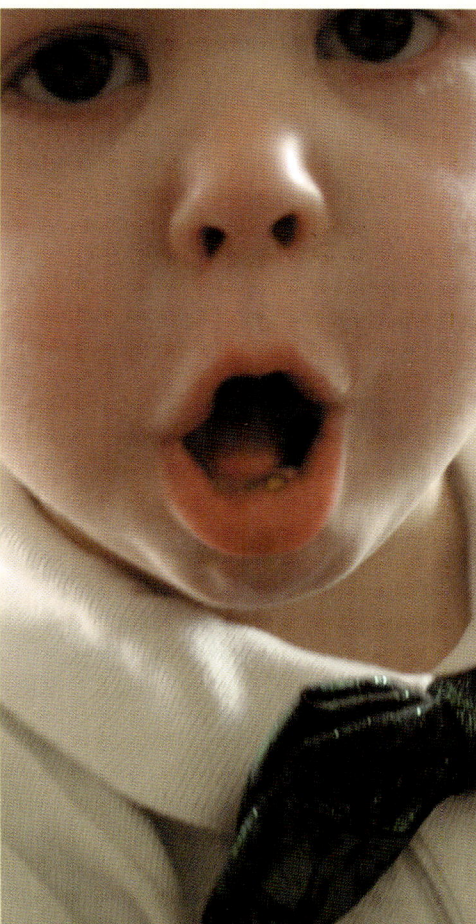

Vollkornnudeln mit Blumenkohl

30 Min.

Zutaten

Zubereitung

300 g Vollkorn-Bandnudeln
1 ½ l Brühe — Die Nudeln in der Brühe nach der Packungsanleitung in etwa 12 bis 15 Min. bissfest garen.

3 El Vollkornsemmelbrösel — in einem trockenen Pfännchen unter stetem Rühren anrösten.

30 g Butter — Pfanne vom Herd nehmen und die Butter darin zerlaufen lassen. Mit den abgetropften Nudeln vermischen. Warm stellen.

1 Blumenkohl — putzen, in Röschen zerteilen und waschen.

½ l Brühe — In Brühe in etwa 8 Minuten bissfest garen. Abgießen, Kochsud aufbewahren.

2 El Vollkornmehl — in einem Topf anrösten. Den Kochsud mit einem Schneebesen einrühren.

etwas Butter
50 g Cashew-Kerne — zugeben und einige Minuten kochen lassen.

3 El Sahne — unterziehen und abschmecken. Über
Salz, Pfeffer — den Blumenkohl gießen.
½ Bund Petersilie — abbrausen, fein hacken und über die Sauce streuen. Zusammen mit den Bandnudeln servieren.

---

20 Min.

Nudeln mit Fleischwurst

Zutaten

Zubereitung

250 g Nudeln — in reichlich kochendes Salzwasser geben und je nach Packungsanleitung in 10 bis 15 Min. bissfest kochen.

200 g Fleischwurst (½ Ring) — in kleine Würfel schneiden.
125 g Butter — in einem Pfännchen zerlassen und etwas braun werden lassen.
Die Nudeln mit etwas kaltem Wasser kurz abschrecken. Die Fleischwurstwürfel darunter mengen und die braune Butter darüber gießen. Kurz umrühren!

evt. Maggiwürze
geriebenen Käse — Nach Geschmack dazugeben und servieren.

Mit einer ganz fein gehackten Tomate und etwas Petersilie garnieren!

Bianka Bleier *empfiehlt:*

Bianka Bleier ist Familienfrau, Buchhändlerin und Autorin und lebt mit Mann Werner und 3 Kindern in Forst / Baden.

Verstecktes Gemüse

Eins der Lieblingsessen meiner Kinder!

Zutaten

800 g Kartoffeln
800 g Gemüse
(Kohlrabi oder Blumenkohl)
1 l Gemüsebrühe
Margarine
2 El Mehl
100 ml Sahne
100 ml Milch
Muskat, Salz, Pfeffer, Zucker
Evt. 500 g Fleischkäse

Zubereitung

Die Kartoffeln schälen, in Scheiben schneiden, in Gemüsebrühe kochen. Nach 10 Minuten die in Scheiben geschnittene Kohlrabi oder Blumenkohlröschen dazu. Alles abseihen, die Brühe auffangen. 2 El Margarine schmelzen, 2 El Mehl darin anschwitzen, mit Brühe ablöschen, glatt rühren. Milch und Sahne dazugeben, die Sauce einkochen lassen. Mit Muskat, Salz, Pfeffer, Zucker würzen. Mit gewürfeltem Fleischkäse zum Gemüse gießen.

Radieschen-Joghurt-Speise
mit Pellkartoffeln

Zutaten ## Zubereitung

30 Min.

1 kg kleine Kartoffeln	gut abbürsten, in der Schale 15 Min. kochen.
3 Bund Radieschen **Salz**	putzen, waschen, grob raspeln. Mit etwas Salz bestreuen und ziehen lassen.
100 g durchwachsenen Speck	in kleine Würfel schneiden, in der Pfanne bei niedriger Hitze anrösten und auf Küchenkrepp abtropfen lassen.
½ Bund Schnittlauch	in Röllchen schneiden.
1 gr. Becher Joghurt (500 g) **1 El Mineralwasser**	zusammen glatt rühren. Radieschen, Speck und Schnittlauch mit dem Joghurt vermischen.
Zitronensaft, Pfeffer **1 Bund Kresse oder Brunnenkresse**	Die Joghurtmischung abschmecken. zu Kartoffeln und Radieschen-Joghurt-Speise servieren.

Schnittlauch schneiden geht am besten mit der Schere!

Viele-Gurken-Salat

15 Min.

Zutaten   Zubereitung

150 ml saure Sahne
½ Tl Honig
Salz, Pfeffer   gut verrühren und abschmecken.
Dill   abbrausen, die zarten Zweige fein hacken und unter die Salatsauce mischen. Beiseite stellen.

100 g Gewürzgurken   in Scheiben schneiden und in eine Salatschüssel geben.

1 Salatgurke   waschen und ebenfalls in feine Scheiben schneiden. Dazugeben.

2 kleine Äpfel (200 g)   waschen, in Viertel schneiden und das Kerngehäuse entfernen. Äpfel würfeln und zu den Gurken geben.
Mit der vorbereiteten Salatsauce übergießen, durchmischen. Vor dem Servieren gut durchziehen lassen.

Dill gibt es auch fix und fertig tiefgefroren. Für dieses Rezept braucht man etwa ½ Päckchen.

Buchstabensuppe

20 Min.

Zutaten   Zubereitung

100 g Buchstabennudeln   nach der Packungsanweisung in reichlich Salzwasser bissfest kochen, abgießen und abschrecken.

400 g Hähnchenbrustfilets   waschen, trocken tupfen und in kleine Stücke schneiden.

1 El Öl   erhitzen und das Fleisch darin kurz anbraten. Beiseite stellen.

1 kleine Zucchini
½ gelbe Paprikaschote
½ rote Paprikaschote   waschen und in feine Streifen schneiden.

1 El Öl   in einem Topf erhitzen und das Gemüse darin anschwitzen.

1 l Geflügelfond oder
Gemüsebrühe   angießen und alles aufkochen. Nudeln und Fleisch hineingeben, kurz aufkochen lassen, damit das Fleisch auf jeden Fall gut gegart ist, und abschmecken.

geriebene Muskatnuss
Jodsalz, weißer Pfeffer

Hilft gegen Erkältung bei Kleinkindern

Der MacFamily-Burger

 40 Min.

Zutaten

Zutaten	Zubereitung
	Ofen auf 180° vorheizen.
1 sehr große Zwiebel	Die Hälfte in kleine Würfel schneiden, die andere Hälfte in Ringe.
500 g Gehacktes	
250 g Semmelbrösel	
3 Eier	
1 Tl Senf	in einer Schüssel mit den Zwiebelwürfeln vermischen.
1 El Oregano	
1 Msp. Curry	darunter mischen. Aus der Hackfleischmischung einen ca. 2 cm dicken Fladen formen.
2 El Öl	in einer Pfanne ohne Plastikgriff oder einem Bräter erhitzen, Fladen mit Hilfe eines Pfannenhebers hineingleiten lassen. Etwa 8 Min. anbraten, bis Feuchtigkeit an den Seiten austritt. Die Pfanne für 20 Min. in den Ofen stellen.
1 Fladenbrot	quer durchschneiden.
Ketchup, Mayonnaise	nach Geschmack auf beiden Innenseiten des Fladenbrotes verteilen.
½ Kopf Salat	waschen, in große Stücke zupfen und auf dem Unterteil des Fladenbrotes verteilen.
5 Tomaten	waschen und in Scheiben schneiden. Auf den Salat legen.
2 große saure Gurken	in längliche Streifen schneiden. Die Pfanne nun aus dem Ofen nehmen und den Hackfladen vorsichtig auf das belegte Brot gleiten lassen. Mit Gurken und Zwiebelringen belegen.
Pfeffer, evt. Salz	etwas nachwürzen. Brot zuklappen. Jetzt für jeden ein ‚Tortenstück' abschneiden.

Gummibärchen

30 Min.,
etwa 5 Stunden Kühlzeit

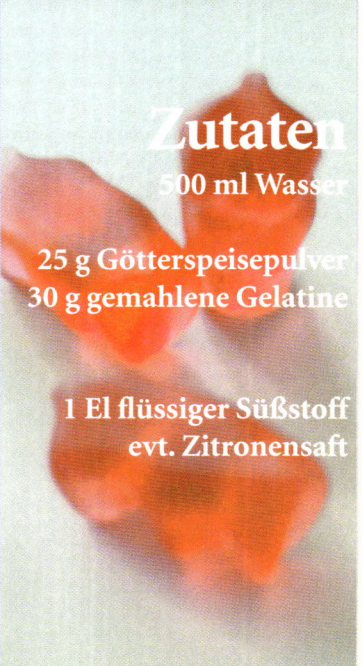

Zutaten | Zubereitung

500 ml Wasser — zum Kochen bringen und von der Herdplatte nehmen.

25 g Götterspeisepulver
30 g gemahlene Gelatine — zugeben und mit dem Schneebesen solange verrühren, bis alles gut gelöst ist.

1 El flüssiger Süßstoff
evt. Zitronensaft — Abschmecken.
Die Speise 1 cm dick in eine Auflaufform aus Glas oder Steingut füllen und im Kühlschrank fest werden lassen.
Wenn das Gelee fest ist, das Gefäß kurz in warmes Wasser tauchen, damit sich die Speise vom Rand löst, und auf einen Teller oder ein Brett stürzen. Jetzt schneiden oder mit kleinen Plätzchenformen ausstechen.

---

30 Min.

Bulgur mit Paprikagemüse

Zutaten | Zubereitung

2 Tassen Bulgur
2 Tassen Wasser
1 Tl Gemüsebrühe — zusammen aufkochen, dann 15 Min. ziehen lassen.

1 kg bunte Paprikaschoten — waschen, vierteln, entkernen und in kleine Stücke schneiden.

2 El Olivenöl
1-2 El Sesamsaat — in einer Pfanne erhitzen, Paprika kurz anbraten, dann bei geschlossenem Deckel bei mittlerer Hitze dünsten. Dabei häufiger umrühren.

200 ml Sahne
Salz, Pfeffer — angießen, kurz bevor die Paprika weich sind. Würzen nach Geschmack.
150 g Emmentaler — reiben und über das Paprikagemüse streuen. Zum Bulgur servieren.

Bulgur ist grobe Weizengrütze. Sie erhalten ihn im Naturkostladen und beim türkischen Einzelhändler. Alternative: Hirse oder Reis

Indianersuppe

Zutaten | Zubereitung

250 g weiße Bohnen über Nacht in Wasser einweichen. Einweichwasser auffüllen und zum Kochen aufsetzen.

1 Zwiebel
1 Knoblauchzehe schälen und in feine Würfel schneiden.
20 g Butter in einer Pfanne zerlassen und die Zwiebeln und den Knoblauch darin goldgelb andünsten.

300 g Mais aus der Dose
Salz, Pfeffer
gekörnte Gemüsebrühe
Bohnenkraut zu den Bohnen geben, sobald diese weich sind. Danach mit den Gewürzen abschmecken.

100 ml Crème fraîche zusammen mit den Zwiebeln und dem Knoblauch unterrühren.

1 Bund glatte Petersilie abbrausen und grob hacken. Über die Suppe geben und servieren.

Lagerfeuer-Stockbrötchen

Die Stockbrötchen funktionieren natürlich auch am Grill! Aber Vorsicht: Kinder unter 6 Jahren sollten nicht allein in die Nähe des Feuers gehen.

Dazu passt Kräuterbutter.

Zutaten | Zubereitung

150 g Weizenvollkornmehl
150 g Roggenvollkornmehl
1 Tl Salz
1 Päckchen
Trockenhefe
200 ml Wasser, evtl. mehr Alle Zutaten gut miteinander verkneten. 45 Min. ruhen lassen, bis der Teig gut aufgegangen ist. Vor der Verwendung noch einmal gut durchkneten. Teigstreifen um ein Stöckchen wickeln und über offenem Feuer backen. Nicht ins Feuer halten!

Hirseschnitten
mit Tomaten-Parmesankruste

1 Stunde 15 Min.,
davon 30 Min. Einweichzeit

Dazu passen Tomatensauce und eine Rohkostplatte..

Zutaten

½ Möhre
½ Stange Lauch
etwas Sellerie
2 El Öl

1 Tasse Hirse
1 Lorbeerblatt
2 Tassen Gemüsebrühe

1 – 2 El Butter, Kräutersalz
1 Bund Majoran
1 Bund Basilikum

8 El Sauerrahm
200 g Tomatenmark

4 El Sauerrahm

30 g Parmesan
2 El Paniermehl

3 El Olivenöl

Zubereitung

Backofen auf 220° vorheizen.

in kleine Würfel schneiden.
in einem Topf erhitzen, das Suppengemüse darin glasig dünsten.

zugeben, erhitzen und zugedeckt bei geringer Hitze 20 Min. quellen lassen. Die Hirse ist fertig, wenn alle Flüssigkeit aufgesaugt ist.
unterziehen und würzen.

abbrausen und fein hacken. Unter die Hirse mischen.

ebenfalls untermischen. Die Masse mit einem Teigschaber ½ cm hoch auf ein gefettetes Backblech streichen.
gut vermischen und mit einem breiten Pinsel auf die Hirse streichen.
reiben.
mit dem Käse vermischen und darüber streuen.
darüberträufeln und etwa 10 bis 15 Min. gratinieren.

Zutaten

1 kg mittelgroße neue Kartoffeln
Salz
25 – 40 ml Olivenöl
200 g Sesam

1 rote Paprikaschote
1 gelbe Paprikaschote

1 Stange Sellerie
2 kleine Zucchini
3 Knoblauchzehen

Zubereitung

Backofen auf 220° vorheizen.

gut bürsten und halbieren, salzen.
auf ein Backblech streichen.
darüber streuen. Die Kartoffeln mit der Schnittfläche auf die Bleche legen und etwa 15 Min. im Ofen backen.

waschen, vierteln, entkernen und in nicht zu kleine Stücke schneiden.

putzen, waschen und in großzügige Stücke schneiden.
Das Gemüse mit Öl einpinseln und salzen. Zu den Kartoffeln geben und nochmals 25 Min. backen.

Sesam-kartoffeln
mit gebackenem Gemüse

50 Min.,
davon 25 Min. im Ofen

Dazu passt ein Quark- oder Joghurt-Dip.

Rhabarberflip

 10 Min.

Mit einem Entsafter lassen sich die tollsten Getränke zaubern. Das Gerät lohnt sich aber nur, wenn man größere Mengen zubereitet. Wer das tut: Obstsäfte kann man problemlos einfrieren.

Zutaten

1,5 kg Rhabarber

½ l Rhabarbersaft
¾ l Milch
1-2 El Zucker
1 Prise Muskat

Zubereitung

putzen, große Stangen abziehen, in große Würfel teilen und durch den Entsafter pressen.

miteinander verrühren.

Getränke

Joghurt-Mix

Am besten mit Strohhalm servieren!

Zutaten

einige Löffel Naturjoghurt
die gleiche Menge Multivitaminsaft

Zubereitung

in einen großen Becher geben.

zugeben, beides miteinander verrühren. Mit Multivitaminsaft auffüllen.

Tee-Saft-getränke

Früchtetees in allen Geschmacksrichtungen gibt's in Drogerien oder speziellen Teeläden.

Zutaten

Apfeltee
Apfelsaft
Minzblättchen
Johannisbeertee

Zubereitung

zu gleichen Teilen mit mischen. Mit einem dekorieren.
mit Johannisbeersaft mischen. Eine Rispe Johannisbeeren gibt eine besonders schöne Dekoration ab.

Kinderbowle

 40 Min., davon 30 Minuten Stehzeit
Zutaten pro Person

Zutaten

100 g Früchte
(z.B. Erdbeeren, Himbeeren)

Saft einer halben Zitrone
⅛ l Apfelsaft
Mineralwasser

Zubereitung

waschen und in kleine Stücke schneiden. In eine Glaskanne füllen.
darüber träufeln.
dazugeben und alles 30 Min. ziehen lassen. Vor dem Servieren füllt man mit Mineralwasser auf und serviert die Kinderbowle mit einem Eiswürfel pro Glas.

Sonntags nach dem Gottesdienst

Sonntags, kurz vor halb 12. Der Gottesdienst ist aus, aber bis zur Fahrt nach Hause dauert es noch eine Weile. Erst wird noch eine Tasse Kaffee getrunken, dann werden Absprachen für die nächste Woche getroffen. Endlich treffen wir auch wieder einmal Müllers ...
Und unsere Kinder? Drücken uns ihre Bilder aus dem Kindergottesdienst in die Hand, plündern die Keksteller und spielen im Gemeindehaus Verstecken mit ihren Freunden.

Ja – wir mögen den Sonntag Vormittag, gehen (meistens) gerne in die Kirche, und genießen ebenso sehr die Zeit danach. Schwierig wird es erst, wenn kurz nach 12 alle hungrig und müde im Auto sitzen. Noch vor der ersten Kreuzung kommt dann die große Frage: „Was gibt's heute?"

Dann denken wir manchmal ein paar Momente an Oma und Opa und ihre Arbeitsteilung: Opa ging in die Kirche (und/oder zum Frühschoppen), während Oma sich am Sonntag Vormittag Suppe, Sonntagsbraten und Nachtisch widmete. Pünktlich um 12 traf man sich zum Festessen...

Gute alte Zeit? Nein – wir wollen nicht dahin zurück. Konkret bedeutet das für uns: Das große Sonntags-Menü haben wir längst aufgegeben. Das gibt es bei uns (wenn überhaupt) samstags. Oder für uns beide ganz allein, ganz in Ruhe, wenn unsere Kinder (sechs und vier Jahre alt) abends im Bett sind (s. dazu das Kapitel „Rezepte für zwei").

Stattdessen essen wir entweder die Reste des Samstags, einen leckeren Eintopf, den wir nur noch warm machen müssen oder eines der folgenden Gerichte, die (fast) alle schnell auf den Tisch zu bekommen sind und trotzdem ein bisschen kulinarische Sonntagsstimmung verbreiten.

Weil die halbe Stunde oder Stunde vor dem Essen aber doch noch ziemlich lang werden kann, hier **noch ein paar Tipps, die sich bei uns bewährt haben.**

• *Machen Sie Ihren Kindern konkrete Vorschläge, was Sie in der Zeit bis zum Essen noch spielen oder basteln können.* Wer hier auf die Eigeninitiative der (müden und hungrigen!) Kinder hofft, wird oft enttäuscht. Denn nicht selten endet das mit Gemütlichkeits-Erwartungen überfrachtete Sonntagsessen in Chaos und Streit – noch bevor der erste Happen im Magen ist.
• *Ein Teller klein geschnittenes Gemüse und ein einfacher Joghurt-dip helfen über den ersten Hunger* und füllen den Magen nicht so, dass hinterher nichts mehr hineinpasst.

• Unser Job-sharing sieht sonntags mittags (mit wechselnden Rollen) so aus: *Papa kocht, Mama macht noch ein Brettspiel mit den Kindern.* Nach unserer Erfahrung ist das für alle Beteiligten (inner- und außerhalb der Küche) entspannter, als wenn alle müde-hungrig-quengelnd durch Küche und Esszimmer streunen …

• *Kalkulieren Sie die Menge des Essens so, dass Sie auch spontan noch einen oder zwei Gäste aus dem Gottesdienst zum Essen einladen können.* Wir laden des öfteren junge Erwachsene aus unserer Gemeinde ein. Zur Freude und zum Nutzen aller: Vor dem Essen wird der Besuch von den Kindern in Beschlag genommen („Ben, komm, wir bauen eine Bude im Hochbett!"), was meistens Klein und Groß eine Menge Spaß macht und die Wartezeit verkürzt. Während des Essens klappt es mit Gästen oft besser als ohne – und hinterher nehmen wir uns ab und zu die Freiheit, unsere Kinder dem Besuch zu überlassen und uns selbst eine Stunde Mittagsschlaf zu gönnen.

Ob beim Essen oder im Hinblick auf den Tagesablauf – probieren Sie mal was Neues aus! Wir sind gespannt, von Ihren sonntäglichen Experimenten zu hören!

Lachsforelle im Gemüsebett

Zutaten Zubereitung

Den Backofen auf 200° vorheizen.

2 küchenfertige Lachsforellen innen und außen ausspülen, trocken tupfen.

Saft von 2 Zitronen (ca. 8 El) Die Forellen mit 4 El Zitronensaft beträufeln.

1 Bund Petersilie hacken, die Hälfte in die Forellen geben.

200 g Möhren
1 Stange Lauch putzen und waschen.
1 Bund Frühlingszwiebeln
100 g Knollensellerie
5 Lorbeerblätter Alles in feine Streifen schneiden. mit dem Gemüse in eine feuerfeste

300 ml Fischfond (aus dem Glas) Form geben.
evt. etwas Sherry
Salz, Pfeffer
100 g Butter mischen und über das Gemüse gießen.

zerlassen. Lachsforellen auf das Gemüsebett legen und mit Butter bestreichen.

Im Ofen ca. 45 Min. backen. Dabei öfters mit Butter bepinseln. Hitze abdrehen und noch solange in der Restwärme weitergaren, bis das Rückgrat sich leicht lösen lässt. Vor dem Servieren mit dem restlichen Zitronensaft beträufeln und mit der restlichen Petersilie bestreuen.

Dazu passen Salzkartoffeln.

1 Stunde, davon
45 Min. im Ofen

Buchweizenblinis
mit Räucherlachs und Pfeffercreme

Zutaten ## Zubereitung

 1 Stunde

125 g Weizenmehl
125 g helles Buchweizenmehl
20 g Hefe (½ Würfel)

Mehlsorten mischen, in die Mitte eine Kuhle drücken und die Hefe hineinbröckeln.

¼ l Buttermilch, zimmerwarm

darauf gießen und zu einem Vorteig verrühren. Vorteig zugedeckt an einem warmen Ort 20 Min. gehen lassen.

Wer sich fragt:
Blinis stammen aus Rußland.

2 Eigelb, Salz

dazugeben und alles zu einem glatten Teig verrühren.

2 Eiweiß

steif schlagen und unter den Teig heben. Nochmals zugedeckt 20 Min. gehen lassen.

je 1 El Öl

in einer Pfanne erhitzen und den Teig mit einem Esslöffel in die Pfanne geben. Kleine dünne Küchlein ausbakken, warm stellen.

einige eingelegte
grüne Pfefferkörner

mit einer Gabel zerdrücken.

350 ml Sahnedickmilch
Salz, Pfeffer

mit den Pfefferkörnern zu einer pikanten Creme verrühren.

400 g Räucherlachs

Blinis mit Lachsscheiben auf Tellerchen anrichten, dazu Pfeffercreme reichen.

Zutaten ## Zubereitung

Lammcurry

500 g Lammfleisch
(Nacken oder Schulter)
1 El Mehl

in ½ cm dicke Streifen schneiden und in wenden.

 30 Min.

2 El Öl

in einer großen Pfanne erhitzen. Das Fleisch darin unter ständigem Rühren hell bräunen. Fleisch herausnehmen.

1 Apfel

schälen, vierteln, entkernen und in Scheiben schneiden.

1 Zwiebel

schälen und würfeln. Beides im restlichen Fett glasig dünsten.

¼ l Brühe
4 Tl Curry

angießen und würzen. Bei milder Wärmezufuhr einkochen lassen.

Dazu passen Reis, gebratene Bananen und geröstete Erdnüsse.

Salz, Pfeffer
Zitronensaft

Sauce gut abschmecken, Fleisch hineingeben und erhitzen, aber nicht mehr kochen.

Römertopfrezepte

Eine gesunde, da fettarme Garmethode und perfekt für Gottesdienstgänger: vorher in den Ofen schieben; je nachdem, wie lange erfahrungsgemäß die Predigt ist, den Timer am Backofen stellen; hinterher sofort servieren. Aus dem Rezeptfundus einer erfahrenen Pfarrfrau.

Schweinebraten

Zutaten

750-1000 g Schweinebraten oder Rollbraten
Salz, Pfeffer

1 Zwiebel
1 Tomate

Zubereitung

mit den Gewürzen einreiben und in den gewässerten Römertopf legen.
hacken.
vierteln, beides hinzufügen.
120 Min. bei 220° in den Ofen.

10 Min. Vorbereitung
2 Std. im Ofen

Dazu Kartoffeln.

Hähnchen

Zutaten

1 großes oder 2 kleine Hähnchen
Salz, Paprika

Zubereitung

waschen, trocken tupfen.
innen mit Salz, außen mit Paprika einreiben und in den gewässerten Römertopf legen.
90 Min. bei 220° in den Ofen.

5 Min. Vorbereitung
90 Min. im Ofen

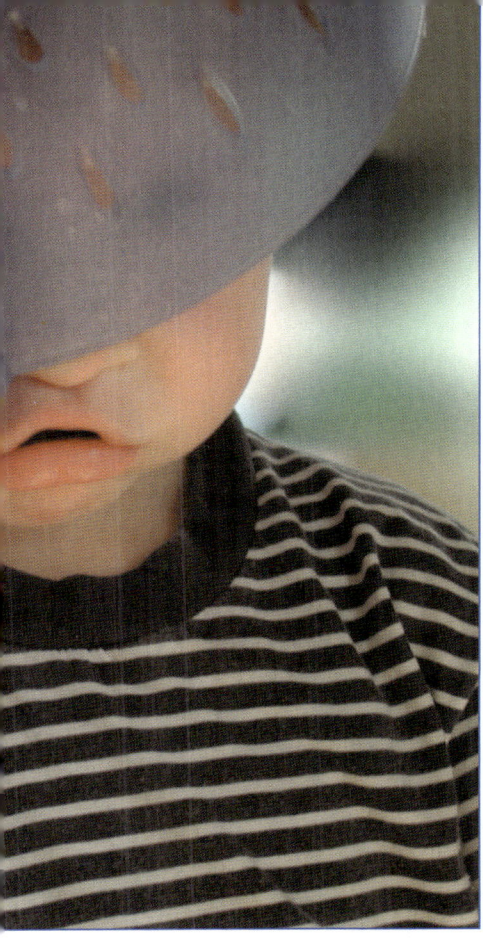

Bunter Gemüsetopf

Zutaten | Zubereitung

500 g Kartoffeln	schälen und in Würfel schneiden.
½ kleiner Blumenkohl	in Röschen teilen und waschen.
½ Knolle Sellerie	schälen, in Stifte schneiden.
100 g grüne Bohnen	ggf. in Stücke brechen und Fäden entfernen.
1 kleine rote Paprika	waschen, entkernen, in Streifen schneiden.
4 kleine Tomaten	mit kochendem Wasser überbrühen, häuten und vierteln.
200 g Rosenkohl	welke Blättchen entfernen.
1 Stange Lauch	in Ringe schneiden, waschen.
3-4 Karotten	abschaben und in Ringe schneiden.
300 g frische oder TK-Erbsen	mit den übrigen Gemüsen vermischen und alles in den gewässerten Römertopf füllen.
1 Lorbeerblatt	
3 Pfefferkörner	
3 Nelken	
Salz	untermischen. Soviel Wasser oder Brühe angießen, dass der Topfinhalt knapp bedeckt ist. Zudecken und bei 250° 1 ¼ Std. im Ofen garen, bis das Gemüse bissfest ist.

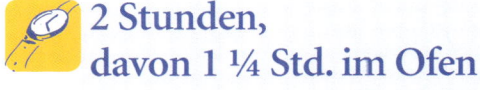 **2 Stunden, davon 1 ¼ Std. im Ofen**

Paprikatopf

Zutaten | Zubereitung

 **20 Min. Vorbereitung 1 ¼ Std. im Ofen**

500 g mageres Schweinefleisch	in kleine Würfel schneiden.
5 grüne Paprikaschoten	waschen, entkernen und in Streifen schneiden.
4 Tomaten	häuten und mit Fleisch und Paprika mischen. In den gewässerten Römertopf geben.
1 Knoblauchzehe	darüber zerdrücken.
1 El Paprikapulver (edelsüß)	
¼ l Sauerrahm	miteinander verrühren und über die Fleisch-Gemüse-Mischung gießen.
Salz, Pfeffer	nach Geschmack abschmecken. 1 ¼ Std. bei 220° in den Ofen.

Dazu: Reis

Zutaten | Zubereitung

Ofen auf 175° vorheizen.

4 Hähnchenschenkel
Salz
Schenkel abwaschen, trocken tupfen und mit etwas Salz einreiben. In eine mit Butter gefettete Form legen.

3 Stangen Staudensellerie
waschen und in kleine Stücke schneiden.

8 große Knoblauchzehen
schälen und mit dem Sellerie über den Hähnchenschenkeln verteilen.

4 große Fleischtomaten
mit kochendem Wasser überbrühen, häuten, in Achtel schneiden und zufügen.

1 unbehandelte Zitrone
heiß abwaschen und Schale dünn abraspeln. Schale ebenfalls über das Hähnchen streuen.

2 El Rotwein oder Brühe
Saft der Zitrone
4 El Olivenöl
1 Tl Oregano
1 Msp. Cayennepfeffer
Salz
verrühren und darüber gießen. Mit Alufolie bedecken und bei 175° rund 45 Min. garen. Dann die Folie entfernen, den Ofen auf 225° hochschalten und die Hähnchenschenkel noch einmal 15 Min. bräunen lassen.

1 Stunde 20 Min., davon 1 Stunde im Ofen

Auch mit Fenchel schmeckt es lecker!

Dazu passt Stangen-weißbrot oder Reis.

Bunte Hähnchenschenkel

Medaillons überbacken

Zutaten

1 kg Zucchini

1 kg Schweinefilet
3 El Öl

Salz, Pfeffer
2 Zweige Basilikum
Öl

250 g Schafskäse, mild

600 g Crème fraîche
3 Knoblauchzehen
Salz, Pfeffer

Zubereitung

Backofen auf 220° vorheizen.
waschen und in etwa 1 cm dicke Streifen schneiden.
in 2 cm dicke Scheiben schneiden.
in einer Pfanne erhitzen und das Filet darin von beiden Seiten scharf anbraten. Erst danach salzen und pfeffern.
abbrausen und die Blätter abzupfen.
Die Fettpfanne des Backofens oder eine große Auflaufform fetten und mit den Zucchinischeiben auslegen. Die Schweinemedaillons daraufgeben und jeweils mit einem Blatt Basilikum belegen.
mit den Händen zerbröseln und über das Fleisch geben.
zum Bratensatz in die Pfanne rühren.
schälen und durch die Presse zur Crème fraîche geben. Würzen. Einmal aufkochen lassen und die Sauce über Fleisch und Käse gießen.
15 Min. überbacken und heiß servieren.

Anstelle von Zucchini kann man auch Lauch, Paprika oder Tomaten nehmen. Dazu passen Mozzarellakäse und Thymian. Wer es exotisch mag, kann auch Ananasstücke unter das Fleisch schichten.

40 Min.,
davon 15 Min. im Ofen
für 8 Personen

Spinat-Cannelloni

45 Min.,
davon 20 Min. im Ofen

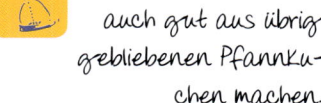
Cannelloni kann man auch gut aus übrig gebliebenen Pfannkuchen machen.

Zutaten

500 g Lasagneblätter

2 große Zwiebeln
2 El Butter

500 g Spinat

2 Knoblauchzehen

100 g weichen Schafskäse
oder Gorgonzola
Salz, Pfeffer, Muskat

1 Mozzarella (125 g)

Sahne oder Tomatensauce

Zubereitung

je nach Packungsanweisung vorkochen oder in warmem Wasser kurz einweichen. Abtropfen lassen.
fein hacken.
in einem großen Topf erhitzen, die Zwiebeln darin andünsten.
verlesen, waschen und tropfnass zu den Zwiebeln geben. Bei mittlerer Hitze zusammenfallen lassen. Vom Herd nehmen.
fein hacken oder durchpressen und zum Spinat geben.

ebenfalls zum Gemüse geben und mit den Gewürzen abschmecken. Die Lasagneblätter mit der Masse bestreichen, aufrollen und in eine gefettete Auflaufform legen.
in dünne Scheiben schneiden und über die Nudelrollen legen.
angießen. Im 175° warmen Ofen 20 Min. überbacken.

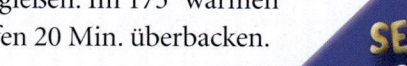

Angelika Steeb *empfiehlt:*

Hackfleischrolle

für ca. 4-6 Personen (Wir machen zwei davon!)

Angelika Steeb ist verheiratet mit Hartmut Steeb, dem Generalsekretär der Deutschen Evangelischen Allianz. Gemeinsam haben sie 10 Kinder, die meisten wohnen noch bei ihnen in Stuttgart.

Zubereitung

500 g Mehl, 500 g Quark, 500 g Butter oder Margarine, 1,5 - 2 Tl Salz zu einem Teig zusammenkneten und kühl stellen.

Hackfleischfüllung

zubereiten wie zu Fleischküchle:

500 g Hackfleisch, fein gehackte Zwiebel und Petersilie, 2 Eier, 1 eingeweichtes (und wieder ausgepresstes) Brötchen, 1 El Mehl, Gewürze wie Salz, Pfeffer, Paprika. Alles gut zusammenmischen.

Backofen auf 200° vorheizen.

Backblech mit Backpapier auslegen oder mit Wasser abspülen. Teig ca. ½ cm dick zu einem Rechteck ausrollen , etwas Ketchup draufstreichen, die Hackfleischmasse gleichmäßig verteilen (Ränder freilassen), das Ganze zu einer Rolle aufrollen, die Enden gut zusammendrücken. Die Rolle mit der Naht nach unten auf das vorbereitete Backblech legen, mit Ei bestreichen.

Backzeit bei 200° ca. 60 bis 75 Minuten.

Dazu passen Salate der Saison

Guten Appetit!

Anmerkungen:

• Den Quarkteig macht man am besten am Abend vorher. Er reißt dann (eigentlich) beim Backen nicht auf.

• Wir Eltern wachsen ja nicht mehr in die Länge, sondern eher im Kreis herum. Mit Rücksicht darauf nehmen wir statt 500 g nur 300 g Margarine oder Butter. Allerdings wird der Teig mit 500 g Fett knuspriger.

• Die Füllung kann beliebig variiert, bzw. aufgepeppt werden, z.B. mit geräucherten Schinkenwürfeln, frischen Paprikastreifen, Pilzen, Gemüsemais ...

• Unsere Kinder lieben Ketchup dazu!

Topfenkipferl

Zutaten:

250 g Mehl
250 g Magerquark
250 g Butter

Zubereitung

 1 Stunde 40 Min.,
davon 1 Stunde Ruhezeit,
15 Min. im Ofen

Zutaten für 8 Personen

zu einem glatten Teig verarbeiten. Dies funktioniert am besten, wenn die Butter weich ist. Den Teig zu einer Kugel formen, in eine Plastikschüssel geben, diese verschließen und für mindestens eine Stunde (besser noch für 24 Stunden) in den Kühlschrank stellen. Backofen auf 175° vorheizen.
Den Teig aus dem Kühlschrank nehmen, halbieren und etwas warm werden lassen. Auf einer glatten, bemehlten Oberfläche die Hälfte des Teiges etwa 1 bis 2 mm dick zu einem Rechteck ausrollen. Falls der Teig zu sehr klebt, etwas mehr Mehl darüberstäuben.
Mit einem Messer 10 x 10 cm große Quadrate schneiden. Teigreste aufbewahren.

1 Glas Aprikosen- oder Heidelbeermarmelade

In die Mitte der Quadrate jeweils ,1 Tl Marmelade geben. So zusammenklappen, dass Dreiecke entstehen. Die offenen Seiten fest zusammendrücken (eventuell mit Wasser anfeuchten), damit die Marmelade nicht auslaufen kann. Die Dreiecke zu halbmondförmigen Kipferln geformt auf ein ungefettetes Backblech legen. Den Rest des Teiges ebenso verarbeiten.

Die Kipferl etwa 15 Min. backen, bis sie goldbraun sind.

Die Kipferl lassen sich in rohem Zustand wunderbar einfrieren. Beim Backen müssen sie danach nur etwas länger Ofen bleiben, die Temperatur bleibt die gleiche

Breite Bandnudeln mit Entenragout

 **45 Min.**

Zutaten — Zubereitung

Zutaten	Zubereitung
600 g Entenfilet	waschen, trocken tupfen und in Würfel schneiden.
1 Zwiebel	schälen und fein würfeln.
2 Stangen Bleichsellerie	waschen, putzen und in feine Streifen schneiden.
2 Möhren	waschen, putzen und fein würfeln.
5 Salbeiblätter	abbrausen und fein hacken.
100 g durchwachsenen Speck	in feine Würfel schneiden.
4 El Olivenöl	in einer Kasserolle erhitzen und das Fleisch darin rundum anbraten. Das vorbereitete Gemüse und den Speck zugeben und mitbraten.
400 g Tomatenpüree	
⅛ l trockener Weißwein	
5 El Brühe, Salz, Pfeffer	
geriebene Muskatnuss	angießen und würzen. Ragout bei schwacher Hitze zugedeckt 30 Min. schmoren lassen.
400 g breite Bandnudeln	in reichlich Salzwasser bissfest kochen.
100 g Parmesan	reiben und mit den abgetropften Bandnudeln in einer Schüssel mischen. Das Ragout darauf geben und servieren.

Lecker mit einem Feldsalat.

Buchweizenklöße auf Gemüse

Zutaten — Zubereitung

Zutaten	Zubereitung
2 Zwiebeln	fein würfeln.
30 g Butter	erhitzen, Zwiebeln und
200 g Buchweizengrütze	darin andünsten.
600 ml Gemüsebrühe	dazugeben, kurz aufkochen und etwa 15 Min. auf kleinster Hitze ausquellen lassen. Abkühlen.
1 Bund Schnittlauch	waschen und in Röllchen schneiden.
2 Eier	mit dem Schnittlauch unter die Buchweizenmasse rühren.
Salz, Pfeffer	Die Masse abschmecken. Mit zwei Esslöffeln kleine Klößchen abstechen, in siedendem Wasser 10 Min. garen. Mit einem Schaumlöffel herausnehmen und warm stellen.
2 kl. Zucchini	
500 g Tomaten	
3 Zwiebeln	in Stücke schneiden.
2 El. Olivenöl	erhitzen, zunächst die Zwiebeln, dann die Zucchini andünsten. Tomaten zufügen.
1 El Tomatenmark	
1 Tl Rosmarinnadeln	unterrühren. 5-8 Min. garen.
Salz, Pfeffer	das Gemüse abschmecken und zu den Klößen servieren.

 **70 Min.**

Zutaten

Zubereitung

Wer ganz sicher sein will, dass der Braten fest zusammenhält, kann das Getreide vorher grob schroten.

Für den Getreidebraten:
150 g Getreide (Weizen, Natur-reis, Roggen, Dinkel, Wildreis) am Vortag in kaltem Wasser einweichen.

1 Tl Gewürzmischung aus Fen-chel, Kümmel und Koriander zum Getreide geben und aufkochen. Zuge-deckt auf der ausgeschalteten Herdplatte etwa eine Stunde ausquellen lassen. Ofen auf 200° vorheizen.

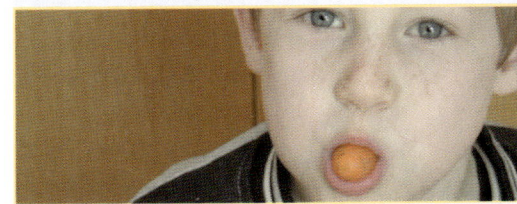

1 Zwiebel, 1 Karotte schälen bzw. putzen und in feine Würfel schneiden.

450 ml Gemüsefond mit Zwiebel- und Karottenwürfeln aufkochen.

100 g Maisgrieß
50 g Hirse, fein geschrotet vermischen und im Gemüsefond einkochen.
¼ Stange Lauch putzen, in feine Streifen schneiden. Zusam-men mit dem Getreide in die Hirse-Mais-Mischung einarbeiten und zugedeckt auf der ausgeschalteten Herdplatte noch eine halbe Stunde stehen lassen.

½ Bund Petersilie abbrausen und fein hacken.
2 El Sonnenblumenöl
1 Ei, Meersalz
evtl. 1 – 2 El Haferflocken zusammen mit der Petersilie in die noch warme Masse einarbeiten. Sollte die Masse zu weich sein, mehr Haferflocken hinzufügen. Auf einer nassen Arbeitsfläche aus der Getreidemasse zwei Rollen mit etwa 5 cm Durchmesser formen und in eine gefettete feuerfeste Form legen.

1 Zwiebel schälen. Die Zwiebel achteln und zusammen
3 Knoblauchzehen mit dem Knoblauch zu den Getreiderollen geben. Auf der unteren Schiene etwa 25 Min. im vorgeheizten Ofen backen. Anschließend die Pfanne mit Folie oder Deckel bedecken und im ausgeschalteten und geöffneten Backofen weitere zehn Minuten stehen lassen. Dadurch wird der Getreidebraten schnittfest.

Getreidebraten mit Sommergemüse

Für das Gemüse:
350 g Gemüse (z.B. Karotten, grüne, rote, gelbe Paprika, Kohlrabi, Sellerie, Zwiebeln, Zucchini) waschen, putzen bzw. schälen und in etwa 4 cm lange und 2 bis 5 mm dicke Streifen schneiden.

30 g Butter in einem Topf erhitzen und das Gemüse darin kurz andünsten.

70 ml Gemüsefond o. Wasser angießen und weitere 2 bis 3 Min. knackig dünsten.

frische Kräuter (z.B. Petersilie, Schnittlauch, Liebstöckel)
nach Geschmack Salz abbrausen und fein hacken. Dazugeben und würzen.
Den Getreidebraten in schräge, 2-3 cm dicke Scheiben schneiden. Je zwei bis drei Scheiben Getreidebraten auf vorgewärmte Teller geben. Das Gemüse danebben anrichten.

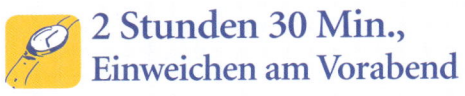

2 Stunden 30 Min., Einweichen am Vorabend

Rezepte für die große Runde

„Gastfreundschaft" – wenn Sie mit offenen Augen die Bibel lesen, werden Sie staunen, wie oft von Menschen die Rede ist, die andere zum Essen einluden. Von Abraham (der ohne sein Wissen Engel an seinen Tisch geholt hat) bis hin zu den ersten Christen in der Apostelgeschichte, die vermutlich täglich zusammen aßen – gemeinsames Essen hat einen immens hohen Stellenwert. Und Jesu Begegnung mit seinen Jüngern nach seiner Auferstehung fand – so steht es im letzten Kapitel des Johannes-Evangeliums – bei einer Grillparty mit frischem Fisch statt.

Essen schafft Gemeinschaft und verbindet. Im Mittelalter haben Schwurgemeinschaften, die sich zu lebenslänglicher gegenseitiger Hilfe verpflichteten, dies meist mit zwei symbolischen Handlungen festgeklopft: mit einem Eid und einem großen Gelage.

Ganz so üppig – und ganz so verbindlich – muss es ja nicht gleich zugehen, wenn Sie die Leute aus Ihrem Hauskreis, Freunde aus dem Sportverein oder Kollegen aus der Firma an Ihren Tisch holen. Die Rezepte auf den nächsten Seiten bieten eine Reihe von machbaren Anregungen. Und keine Angst: Niemand erwartet den perfekten Gastgeber. Im Gegenteil – kleine Pannen erhöhen den Unterhaltungswert des Zusammenseins und bleiben oft länger in Erinnerung als all das, was vollkommen gelungen ist.

Und wenn Sie keine Lust auf die Vorbereitung haben? Dann machen Sie doch eine „Surprise-Party". Zum Beispiel die italienische Variante: Sie kochen einen großen Topf Nudeln - und jeder wird verpflichtet eine (exotische!) Soße mitzubringen ... Oder die Käse-Party: Sie holen Rotwein, Weißbrot und Butter und bitten jeden, seinen Lieblingskäse mitzubringen und mit einer kleinen Geschichte vorzustellen. Ihrer Phantasie sind keine Grenzen gesetzt!

Vegetarisches Chili

Für 10 bis 12 Personen
30 Min. Zubereitung;
3 Stunden Garzeit

Zutaten — Zubereitung

Zutaten	Zubereitung
4 große Zwiebeln	
8 Knoblauchzehen	schälen und fein hacken.
4 El Öl	in einem großen Topf erhitzen, Zwiebeln und Knoblauch darin glasig dünsten.
300 g Möhren	putzen und in Scheiben schneiden.
500 g Kartoffeln	schälen und in Würfel schneiden. Beides in den Topf geben und andünsten.
3 große Dosen geschälte Tomaten	grob zerkleinern und mit dem Saft zufügen.
4 Dosen Kidney-Bohnen	
2 Dosen Mais	in ein Sieb geben, mit kaltem Wasser abspülen und in den Topf geben. Gut umrühren.
2 frische Chilischoten	waschen, der Länge nach aufschneiden, die Kerne entfernen und klein schneiden. Zugeben, umrühren und abschmecken.
Salz, Pfeffer	
⅛ l Rotwein	zugießen. Das Chili zugedeckt bei geringer Hitze etwa 3 Stunden köcheln lassen, dabei häufiger umrühren, damit nichts anbrennt. Ggf. etwas Wasser oder Tomatensaft zufügen.
2 grüne Paprikaschoten	
2 rote Paprikaschoten	waschen, vierteln, entkernen und in nicht zu kleine Rauten schneiden. Etwa 15 Min. vor Ende der Garzeit zum Chili geben.
1 Becher saure Sahne	Das Chili auf Tellern anrichten und jeweils einen Klecks saure Sahne in die Mitte geben.

Das Chili lässt sich gut vorbereiten und schmeckt aufgewärmt am besten.

Je länger das Chili kocht, desto schärfer wird es. Lieber vorsichtig würzen und später mit Tabasco oder etwas Sambal Oelek nachwürzen.

Dazu passt warmes Fladenbrot.

Dill-Hering mit roten Zwiebeln

10 Portionen
20 Min.,
1 bis 2 Tage Marinierzeit

Zutaten — Zubereitung

Zutaten	Zubereitung
600 ml Essig	
250 g Zucker	
3 Lorbeerblätter	zusammen aufkochen.
250 g rote Zwiebeln	schälen, in Ringe schneiden und dazugeben.
10 Matjesfilets	Den Sud über die Filets gießen.
2 Bund Dill	waschen, hacken und unterziehen. Ein bis zwei Tage marinieren.
1 Bund Dill	waschen und hacken. Den Fisch vor dem Servieren damit garnieren.

Dazu: Pellkartoffeln

Putenragout mit Champignons

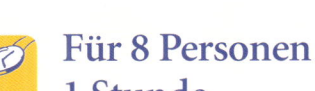 **Für 8 Personen**
1 Stunde

Dazu passen eine Wildreismischung oder Petersilienkartoffeln.

Zutaten	Zubereitung
1 l Geflügelbrühe	
¼ l Weißwein oder Brühe	zusammen in einem Topf auf die Hälfte einkochen lassen.
1 kg Putenfilet	in Streifen schneiden.
600 g Champignons	putzen, evt. vierteln.
4 Stangen Lauch	in Ringe schneiden und waschen.
60 g Butterschmalz	in einer Pfanne erhitzen und die Putenstreifen darin portionsweise braun anbraten, dann warm stellen. Die Champignons im restlichen Fett in der Pfanne goldbraun braten und ebenfalls warm stellen. Den Bratensatz mit etwas Brühe ablöschen und dann in den Topf mit der eingekochten Brühe geben.
300 g Crème double	unterrühren, Fleisch, Lauch und Champignons zugeben, kurz aufkochen.
1 El Speisestärke	mit etwas kaltem Wasser anrühren und das Ragout damit binden.
Salz, Pfeffer	
1 Bund gehacktes Basilikum	Abschmecken.

Paella

Zutaten

5 Hähnchenkeulen à 250 g
Salz, Pfeffer
500 g Schweinefilet
1 Gemüsezwiebel
2 Knoblauchzehen
1 rote Paprikaschote
1 grüne Paprikaschote
2 El Öl
Salz, Pfeffer

2 El Öl

500 g Rundkornreis (z.B. Arborio)

2 Briefchen Safranfäden
½ l Hühnerbrühe

20 Miesmuscheln

20 Garnelen (600 g)

1 Packung TK-Erbsen (300 g)
½ l Hühnerbrühe

2 unbehandelte Zitronen

Zubereitung

Backofen auf 200° vorheizen.
häuten und im Gelenk durchschneiden.
Würzen.
in Streifen schneiden.

schälen und fein würfeln.

waschen, vierteln, entkernen und würfeln.
in einer großen Pfanne erhitzen und das
Schweinefilet darin scharf anbraten. Salzen,
pfeffern und herausnehmen.
mit den Paprikawürfeln in die Pfanne geben
und im Bratsatz zwei Min. anbraten, dann
ebenfalls herausnehmen.
Die Hähnchenteile ebenfalls anbraten,
Knoblauch- und Zwiebelwürfel und Reis
dazugeben und kurz mitbraten.

Safran in der kochenden Hühnerbrühe auflösen und in die Pfanne geben. Mit Salz und
Pfeffer würzen. Zugedeckt im Backofen 20
bis 30 Min. garen.
gründlich waschen und putzen, die offenen
Muscheln wegwerfen.
längs am Rücken einritzen, die schwarzen
Därme entfernen, waschen.

Fleisch, Paprika und Erbsen unter den Reis
mischen. Heiße Brühe darübergießen und
unterrühren. Garnelen und Muscheln dar-
aufsetzen. Weitere 20 Minuten zugedeckt
garen.
Eventuell nachwürzen und mit Zitronenspal-
ten garnieren. Muscheln, die sich nicht geöff-
net haben, wegwerfen.

Linsensuppe

für die ganze Gemeinde

 15 Min.
(ungelogen!)

Zutaten

1 kg Linsen
4 l Wasser
4 El Instant-Gemüsebrühe
1 El Salz
1 großzügiger Schuss Olivenöl

1 Dose Tomatenmark (125 g)
2 El braune Sauce aus der Tube,
mit Wasser angerührt

Zubereitung

in einen großen Schnellkochtopf von
10 l Fassungsvermögen geben und in
15 Min. auf Stufe II gar kochen.

zur Suppe geben. Abschmecken.

Camembert-Preiselbeer-Ecken

10 Portionen
40 Min.,
davon 20 Min. im Ofen

Dazu passt ein bunter Salat.

Zutaten

1 Paket TK-Blätterteig à 450 g
(10 Scheiben)

1 Ei

5 runde Camemberts à 150 g

1 El Milch

50 g gehackte Mandeln

1 Dose Preiselbeeren

Zubereitung

Backofen auf 200° vorheizen.

auf einer Fläche auslegen und auftauen lassen.

trennen und die Ränder der Blätterteigscheiben mit Eiweiß bestreichen.

jeweils in der Mitte durchschneiden. Jede Blätterteigscheibe mit einer Camemberthälfte belegen und zu einem ‚Brief' zusammenfalten. Alle Ecken gut andrücken, damit der Camembert nicht ausläuft.

mit dem Eigelb verquirlen und die Blätterteigecken damit bestreichen.

darüber streuen. Im Ofen etwa 20 Min. backen.

Jeweils mit einem El Preiselbeeren garnieren und warm servieren.

Zutaten

350 ml Vollmilch
25 g Hefe
500 g Mehl
50 g Zucker
50 g Butter, weich
15 g Salz
2 Eier

350 ml Vollmilch,
150 ml Sahne, 25 g Butter,
50 g Zucker, Butter

Für 10 Portionen
1 Stunde 30 Min.,
davon 30 Min. im Ofen

Zubereitung

Dampfnudeln

Aus allen Zutaten einen Hefeteig zubereiten und diesen etwa 5 Min. lang gut durchkneten.

in einem Topf auf etwa 50° erwärmen. Aus dem Hefeteig 50 g große Stücke abstechen und zu Kugeln formen. Die Milchmischung in eine ofenfeste Form mit Deckel geben, in der alle Dampfnudeln nebeneinander Platz haben. Die Hefestücke in die Milch setzen, dabei die Kanten leicht buttern. Die Form verschließen und die Dampfnudeln etwa 30 Min. angehen lassen. Sie sollten die doppelte Größe erreichen.
Backofen auf 200° vorheizen.
Die Dampfnudeln im Ofen 30 bis 40 Min. backen, bis sie eine braune Kruste haben und alle Flüssigkeit aufgenommen haben. Mit Puderzucker bestäuben und heiß servieren.

Zur Abwechslung können Sie die Dampfnudeln auch füllen: Einfach Kirschen, Pflaumen, Aprikosen oder andere Früchte in die Mitte der Hefekugeln geben.

Dazu passt Vanillesauce oder Vanilleeis.

Herzhafter Wirsingkuchen

Zutaten

Zubereitung

400 g Weizenvollkornmehl
50 g Dinkelflocken
1 Päckchen Trockenhefe
1 Tl Salz
¼ l Milch
in einer Schüssel vermischen.

¼ l Wasser
2 El Olivenöl
Milch und Wasser leicht erwärmen und zusammen mit dem Öl zum Mehl geben. Alles mit dem Handrührgerät etwa 5 Min. kneten, bis der Teig Blasen wirft und sich von der Schüssel löst.
Backofen 5 Min. auf 50° vorheizen, ausschalten und den zugedeckten Teig darin etwa 30 Min. aufgehen lassen. Danach kurz durchkneten und nochmals 10 bis 15 Min. gehen lassen.

700 g Wirsingkohl
putzen, vierteln und in 2 cm breite Streifen schneiden.

1 Fenchelknolle
putzen, halbieren, den Strunk herausschneiden und die Hälften quer zur Faser in dünne Streifen schneiden.

1 Zwiebel
schälen und fein würfeln.

2 El Olivenöl
in einem Topf erhitzen, das Gemüse bei geringer Hitze darin portionsweise andünsten, herausnehmen und in einer Schüssel lauwarm abkühlen lassen.

1 Bund Petersilie
waschen und zusammen mit den Fenchelblättern fein hacken.

150 g Emmentaler
reiben.

3 Eier
200 ml Milch
½ Tl gemahlener Koriander
Salz, weißer Pfeffer
Cayennepfeffer
geriebene Muskatnuss
mit dem Käse, der Petersilie und den Fenchelblättern unter das Gemüse mischen. Die Mischung gut abschmecken.

400 g Tomaten
waschen, häuten und in Scheiben schneiden. Den Teig auf einem gefetteten Backblech ausrollen. Die Gemüsemischung darauf verteilen. Mit den Tomaten belegen. Bei 180° bis 200° etwa 45 Min. backen.

10 Portionen
2 Stunden

Der Wirsingkuchen schmeckt heiß, aber auch lauwarm oder kalt.

Kartoffelstrudel

**Für 8 bis 12 Portionen
1 Stunde,**
davon 20 Min. im Ofen

Zutaten Zubereitung

Backofen auf 225° vorheizen.

2 Pakete TK-Blätterteig à 300 g Blätterteigscheiben nebeneinander auslegen und 20 Minuten auftauen lassen.

900 g fest kochende Kartoffeln schälen und in kleine Stücke schneiden. In siedendem Salzwasser eine Minute kochen. Sofort kalt abspülen und abtropfen lassen.

1 Bund Salbei abbrausen und in Streifen schneiden.
300 g Mett zusammen mit dem Salbei ohne Fett krümelig braten. Zur Seite stellen und abkühlen lassen.

2 rote Paprikaschoten waschen, vierteln, entkernen und in feine Würfel schneiden.
240 g Emmentaler Käse in kleine Würfel schneiden.

Die Kartoffeln in einem sauberen Küchentuch trocken tupfen. Kartoffel- und Käsewürfel, Mett, Salbei und Paprika mischen.

Mehl Jeweils die Hälfte der Blätterteigscheiben
1 Eigelb auf einer leicht bemehlten Arbeitsplatte übereinanderlegen und zu einem Rechteck (40 x 40 cm) ausrollen. Zunächst eine Teigplatte auf ein leicht bemehltes Küchentuch legen und die Seiten mit einem verquirlten Eigelb bestreichen. Die Hälfte der Kartoffel-Käse Füllung auf die Teigplatte geben, dabei die bestrichenen Ränder frei lassen.

4–6 Knoblauchzehen schälen und zerdrücken.
2 Eigelb
8-10 El Sahne
Pfeffer mit dem Knoblauch verquirlen und die Hälfte der Mischung esslöffelweise über die Füllung geben. Seiten einschlagen und den Strudel mit Hilfe des Küchentuchs aufrollen. Strudel 10 Min. ruhen lassen. Den Vorgang mit der zweiten Teigplatte wiederholen.

2 Eigelb verquirlen und den Strudel damit bestreichen. Etwa 20 Min. bei 225° backen.

Claudia Filker empfiehlt:

„Wie bitte? Bananen-Curry-Suppe?". Der höfliche Gast kann sich gerade noch ein „Iih!" verkneifen. Aber allgemeine Verblüffung ist bei unseren Gästen doch die Regel, wenn eine Bananen-Curry-Suppe auf den Tisch gebracht wird. Dabei ist die Kombination Curry-Banane im asiatischen Raum (besonders in der indonesischen Küche) verbreitet.

Garantiert werden Sie mit dieser Suppe viel Begeisterung hervorrufen. Bei Groß und Klein. Auf jeden Fall lieben alle unsere Kinder dieses undefinierbare, gelblich-bräunliche (okay, wir geben ja zu: unter ästhetischen Gesichtspunkten ist das Süppchen nicht der Hit) Gebräu. Die Suppe ist ein ordentlicher Sattmacher!

Claudia Filker ist Theologin, Familienfrau und Buchautorin. Mit ihrer Familie lebt sie in Berlin.

Tipps

· Suppenfeiern sind ein Renner. Warum nicht einfach bei einer Feier drei verschiedene Suppen auf den Tisch bringen anstatt aufwendiger anderer Speisen? Das haben wir schon oft so gemacht. Suppen kommen an! Man kann wunderbar vorkochen. Auch das spart Zeit und Nerven.

· Achtung: Gärungsgefahr! Wenn die Suppe vorgekocht wird, muss sie zum Abkühlen kühl gestellt werden, Deckel öffnen, zwischendurch umrühren, gegebenenfalls Fett abschöpfen.

· Bananen mit braunen Flecken: Manchmal findet man in einer Ecke der Obsttheke Bananen, die schon etwas älter sind, dafür aber im Preis deutlich reduziert wurden. Schlagen Sie zu und ändern Sie für heute den Speiseplan! Diese weichen Bananen sind für die Suppe besonders gut geeignet

Bananen-Curry-Suppe

Zutaten

(für 6 – 8 Normalesser)
1000 g Gehacktes
(Rind, Schwein oder halb/halb)
1000 g Bananen
3 mittelgroße Zwiebeln
3 Paprikaschoten (grün, rot oder gelb. Rot ist fürs Auge gut, s.o.)
1½ bis 2 l Gemüsebrühe
(je nachdem, wie dickflüssig die Suppe werden soll - einfach ausprobieren)
2 Becher Schmand
Öl
Curry, Curry, Curry
(mind. 3 Esslöffel)
Zimt (mind. 1 Teelöffel)
Salz und Pfeffer
Baguette

Zubereitung

Die Zwiebeln im heißen Öl glasig braten, Gehacktes dazugeben und gut durchbraten. Mit Salz, Pfeffer, Curry, Zimt würzen. Die in Würfel geschnittenen Paprikaschoten hinzufügen und mitbraten. Die Gemüsebrühe hinzufügen.

Bananen pürieren, ebenfalls zugeben und würzen (die Currymenge selbst ausprobieren!).

Alles gut durchkochen. Die Suppe schmeckt am besten, wenn sie ziemlich dickflüssig ist.

Wird die Suppe sofort serviert, wird ein Becher Schmand untergerührt. Ansonsten den Schmand erst beim nochmaligen Erhitzen hinzufügen.

Die Suppe wird mit Baguette und Schmand serviert.

Käsetopf „Westfälische Art"

10 Portionen
45 Min.

Zutaten | Zubereitung

1 kg Gehacktes	krümelig anbraten.
4 Stangen Lauch	
6 große Zwiebeln	putzen bzw. schälen und in feine Ringe schneiden. Beides mit ein wenig Wasser dünsten. Das Gehackte darunter mischen,
1 ½ l Wasser	
3 Würfel Suppenbrühe	Wasser und Suppenwürfel zugeben und 30 Min. köcheln lassen.
Salz, Pfeffer	Abschmecken.
400 g Kräuterkäse	
1 Dose Champignons	unmittelbar vor der Mahlzeit zugeben. Erhitzen, aber nicht mehr kochen lassen.

Kokosextrakt erhalten Sie in Asienläden.

Kokosreis mit roten Bohnen

Zutaten | Zubereitung

1 Dose ungesüßter Kokosnussextrakt	
200 ml Wasser	in einem Topf mischen.
225 g Basmatireis	
2 Dosen Rote Bohnen (265 g Abtropfgewicht)	nacheinander in einem Sieb kalt abspülen und abtropfen lassen.
150 g durchwachsenen Speck	fein würfeln.
3 Knoblauchzehen	schälen und durch die Presse geben.
3 frische rote Chilischoten	längs aufschlitzen, von den Kernen befreien und fein hacken.
100 g frisches Kokosnussfleisch	in möglichst lange dünne Späne schneiden und in einer Pfanne ohne Fett goldbraun rösten.
2 El Öl	in einer Pfanne erhitzen. Speck, Knoblauch und Chili bei mittlerer Hitze unter Wenden 8 bis 10 Min. darin anschwitzen. Kokosnussextrakt bei milder Hitze zum Kochen bringen, Reis einrühren und bei kleiner Hitze zugedeckt den Reis ausquellen lassen.
1 kleine Dose Tomaten	abtropfen lassen. Mit Speckmischung und den Bohnen unter den Reis heben.
Salz	Eventuell salzen und nochmals leicht erwärmen. Reis in einer vorgewärmten Schüssel anrichten, mit den Kokosspänen bestreuen.

10 Portionen
40 Min.

Kraut- kuchen mit Forellen- streifen

Zutaten

250 g Mehl
½ Tl Backpulver, ½ Tl Salz
70 g Butter, 1 Ei
100 g Sauerrahm

400 g Weißkraut
100 g Lauch

½ Bund Dill

200 g geräuchertes Forellenfilet

200 g Sahne
175 g Sauerrahm
5 Eier
Salz, Pfeffer

Zubereitung

Backofen auf 200° vorheizen.

Aus den Zutaten einen glatten Teig rühren und kalt stellen.

putzen und in feine Streifen schneiden. Beides kurz in kochendem Salzwasser brühen.
Eine Backform oder Tortelettförmchen mit dem Teig auslegen.

waschen und hacken. Mit Kraut und Lauch mischen und die Hälfte der Mischung in die Form(en) geben.

in Streifen schneiden und auf die Masse legen. Mit dem restlichen Kraut abdecken.

mischen, abschmecken und über das Kraut gießen.
Große Form etwa 40 bis 45 Min., Tartelette- förmchen 20 bis 25 Min. backen.

10 Portionen
1 Stunde,
davon 20 bis 45 Min. im Ofen

Marinierte Lammkeule

mit Maroni (Berner Art)

10 Portionen
1 Stunde 30 Min., 5 Tage Marinierzeit

Dazu passen Rösstkartoffeln

Zutaten

1600 g Lammkeule
150 ml Rotwein
150 ml Wasser
Wacholderbeeren
Pfefferkörner

100 g Zwiebeln
50 g Lauch

200 g Speck

300 ml Brühe
200 ml Rotwein
200 ml Bratensauce

200 ml Sahne
Salz, Pfeffer
100 g Zucker

400 g Maroni

Zubereitung

Die Lammkeule mit den Zutaten marinieren.

putzen, schälen und in feine Streifen bzw. Ringe schneiden. Zum Fleisch geben und dieses abgedeckt 5 Tage im Kühlschrank durchziehen lassen.

in Würfel schneiden und auf ein tiefes Backblech geben. Die gewürzte Lammkeule darauf legen. Die Mari- nade aufkochen, dazugeben und alles im Ofen schmoren.

nach etwa 60 Min. zugeben, wenn die Keule zu ¾ fertig ist. Fertig schmoren und das Fleisch warm stellen.

Die Sauce passieren und mit der Sahne verfeinern. Abschmecken.
in einer Pfanne schmelzen und mit etwas Wasser ablöschen.

in diesem Fond glasieren. Zum Fleisch servieren.

Spitzkohleintopf

Wer es aromatischer mag, kann auch noch 3-4 Karotten in Scheiben schneiden und mit dem Kohl kochen. 1 Kg mitgegarte Kartoffelwürfel zusätzlich machen aus dem Eintopf eine vollwertige Mahlzeit.

Für Fleischesser: 8-12 Mettwürstchen mit den Gewürzen zugeben und mitgaren lassen.

Zutaten / Zubereitung

Zutaten	Zubereitung
3 große Köpfe Spitzkohl	Die Außenblätter entfernen, den Kohl vierteln, vorsichtig waschen und den Strunk herausschneiden. Dann die Viertel in grobe Stücke schneiden.
4 große Zwiebeln	grob hacken und zusammen mit dem Kohl in
100 g Butterschmalz	anbraten, bis der Kohl etwas Farbe bekommen hat.
¾ l Gemüsebrühe **1 Tl Kümmel** **Salz, Pfeffer** **etwas Essig**	Den Kohl ablöschen und mit abschmecken.
Etwas Speisestärke und evt. Crème fraîche	Zudecken und 10 Min. garen lassen. Den Eintopf binden.

8 Portionen
1 Stunde

Und Mose sagte: 600 000 Mann Fußvolk zählt das Volk, in dessen Mitte ich bin, und da sagst du: ‚Fleisch will ich ihnen geben, dass sie einen ganzen Monat davon essen!' Können so viele Schafe und Rinder für sie geschlachtet werden, dass es für sie ausreicht? Oder sollen alle Fische des Meeres für sie eingesammelt werden, dass es für sie ausreicht? Und der Herr sprach zu Mose: Ist die Hand des Herrn zu kurz? (4. Mose 11,22)

Zutaten

| ½ Packung Backmischung für Roggenbrot (1,5 kg Brot) |

Zubereitung

Backofen auf 200° vorheizen.
nach Packungsanleitung zubereiten und in einer gefetteten Springform (24 cm Ø) 30 Min. backen.
Das Brot aus der Springform lösen und abkühlen lassen, einmal quer durchschneiden.

3 Packungen Frischkäse (600 g)
5 El Milch glatt rühren.
3 Bund Dill waschen. Einige Zweige zum Garnieren beiseite legen, den Rest fein hacken.
1 Zwiebel schälen und in feine Würfel schneiden. Beides unter die Käsemischung rühren. Pikant abschmecken.
Salz, Pfeffer
Die Hälfte der Masse auf die untere Brothälfte streichen. Die zweite Hälfte darauf setzen und den Rest der Masse darauf verstreichen.

10 dünne Scheiben Räucherlachs (150 g) Auf jedes ‚Tortenstück' dekorativ eine zur Rosette geformte Scheibe Räucherlachs legen.

Garniervorschlag
1 Limette
1 Lauchzwiebel, etwas roter und schwarzer Kaviar Nach Belieben die Frischkäsetorte mit Dill, Limettenscheiben, Zwiebelringen und Kaviar garnieren.

Mitternachtstorte

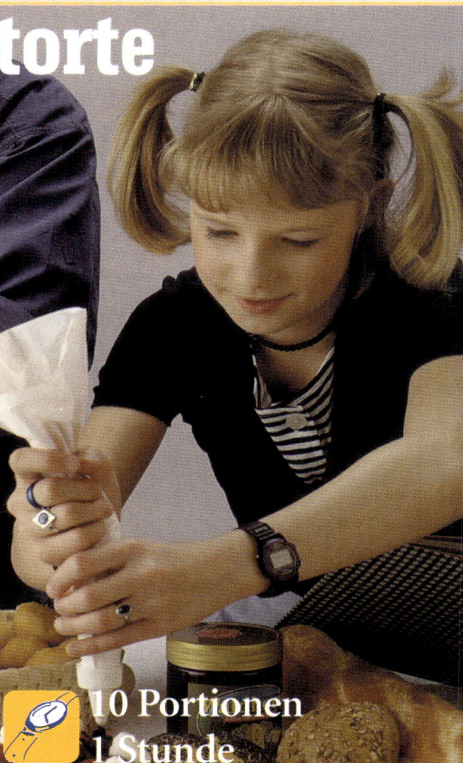

10 Portionen
1 Stunde

Orientalische Kartoffelplätzchen

10 Portionen
40 Min., am Vortag 20 Min.

Zutaten

Zubereitung

1 kg Kartoffeln, fest kochend am Vortag in der Schale 20 Min. kochen, anschließend pellen. Kartoffeln am nächsten Tag fein reiben,
1 Ei, 200g Mehl, Salz, Pfeffer mit Ei und Mehl verkneten. Teig würzen.
500 g Tomaten häuten, entkernen und in Würfel schneiden.
1 Bund Petersilie abbrausen und fein hacken.
1 Bund Lauchzwiebeln putzen und in Ringe schneiden.
1 El Öl in einer Pfanne erhitzen, das Gemüse darin andünsten.

1 El Brühe, 2 Tl Kurkuma,
2 El Zitronensaft zufügen. Unter Rühren dünsten, bis die Flüssigkeit verdampft ist.
Salz, Cayennepfeffer Abschmecken.
Den Kartoffelteig in Portionen teilen, auf bemehlter Handfläche flachdrücken, mit der Füllung belegen und zu Plätzchen zusammendrücken.
3 ½ El Öl In heißem Öl von jeder Seite etwa 4 Min. braten.
Petersilie Heiß oder kalt mit Petersilienblättchen garniert servieren.

Zutaten

500 g Mehl	

Zubereitung

auf eine Arbeitsfläche sieben, in die Mitte eine Mulde drücken.

1 Würfel frische Hefe oder 1 Päckchen Trockenhefe
100 ml Wasser
1 Tl Zucker

Hefe hineinbröckeln, das warme Wasser darübergießen und die Hefe darin auflösen. Mit Zucker bestreuen, zugedeckt 15 Min. gehen lassen.

125 g Butter
1 Prise Salz

zerlassen und zum Vorteig geben. Alles auf der Arbeitsfläche durchkneten, bis der Teig zusammenhält, aber nicht zu klebrig ist. Teelöffelweise Wasser dazugeben. Mit Mehl bestäubt zugedeckt zu doppeltem Volumen aufgehen lassen.
Backofen auf 200° vorheizen.

1 kg Zwiebeln
3 El Butterschmalz
Salz, Pfeffer, Majoran
1 kg säuerliche Äpfel

schälen und in dünne Ringe schneiden.
in einer Pfanne zerlassen und die Zwiebeln darin bei milder Hitze dünsten. Würzen.
waschen, vierteln, schälen und entkernen, die Viertel in Spalten schneiden. Mit den noch warmen Zwiebeln vermischen.

Öl

Den Teig durchkneten, auf der leicht bemehlten Arbeitsfläche ausrollen und eine mit Öl gefettete Springform damit auskleiden. Die Zwiebelmischung darauf verteilen.

2 Becher Crème fraîche (250 g)
2 Eier

verrühren und darüber träufeln.

200 g Frühstücksspeck
50 g Walnusskerne

würfeln bzw. hacken und darüberstreuen. Auf der mittleren Schiene bei 200° etwa 30 Min. backen.

Zwiebelquiche mit Äpfeln

10 Portionen
1 Stunde,
davon 30 Min. im Ofen

Hackkuchen mit Schafskäse

12 Portionen
45 Min.

Zutaten

Zubereitung

Backofen auf 200° vorheizen.

3 altbackene Brötchen
2 Zwiebeln

in kaltem Wasser einweichen.
schälen und fein würfeln.

1 kg gemischtes Hackfleisch
2 Eier
1 El Kräuter der Provence

Die ausgedrückten Brötchen zusammen mit den restlichen Zutaten verkneten.

Salz, Pfeffer
Paprikapulver, edelsüß
2 El mittelscharfer Senf

Kräftig würzen. Hackteig auf einem gefetteten Backblech glatt streichen und im vorgeheizten Backofen 30 bis 35 Min. garen.

1 große rote Paprikaschote

waschen, vierteln, entkernen und in kleine Würfel schneiden.

125 g Schafskäse
12 paprikagefüllte grüne Oliven

würfeln.
in dünne Scheiben schneiden. Alles vorsichtig mischen. 5 Min. vor Ende der Garzeit den Hackkuchen mit dem Paprika-Käse-Gemisch bestreuen.

Oregano

Mit Oregano-Blättchen garnieren.

Hähnchenkeulen aus dem Ofen

Zutaten · Zubereitung

Backofen auf 200° vorheizen.

12 Hähnchenkeulen	
Salz, Pfeffer	waschen, trocken tupfen und würzen.
½ Bund Petersilie	
1 Bund Schnittlauch	waschen und fein hacken.
2 El mittelscharfer Senf	
1 Eigelb	mit den Kräutern verrühren. 4 Hähnchenkeulen damit bestreichen.
100 g ungesalzene Erdnüsse	fein hacken.
1 Ei	verquirlen.
2 El Mehl	4 Keulen zuerst in Mehl, dann in Ei und zum Schluss in gehackten Erdnüssen wenden. Die Erdnüsse etwas andrücken.
4 El Tandoori-Paste	
75 g Vollmilch-Joghurt	verrühren und die übrigen Hähnchenkeulen damit bestreichen.
Salat und Tomaten zum Garnieren	Alle Hähnchenkeulen auf ein gefettetes Backblech legen und etwa 30 Min. braten. Hähnchenkeulen auf einer Platte anrichten und mit Salat und Tomate garnieren.

**Für 12 Portionen
1 Stunde,
davon 30 Min. im Ofen**

Tandoori-Paste gibt's im Asienladen. Ersatzweise eine milde Chili-Gewürzmischung verwenden.

Minestrone

**50 Portionen
2 Stunden; Einweichen am Vortag**

Parmesan separat reichen. Evt. in jeden Teller etwas gekochten Reis geben.

Zutaten · Zubereitung

150 g getrocknete weiße Bohnen	über Nacht in kaltem Wasser einweichen.
500 g durchwachsenen Speck	in feine Würfel schneiden.
500 g Zwiebeln	schälen und ebenfalls fein würfeln.
750 g Lauch	
500 g Möhren	
500 g Sellerie	
1 kg Wirsingkohl	putzen und in Scheiben schneiden.
1 kg Kartoffeln	schälen und in Würfel schneiden.
150 ml Olivenöl	in einem großen Topf erhitzen, den Speck darin anbraten.
500 g Tomaten	überbrühen, häuten, entkernen und würfeln.
200 g Tomatenpüree	zusammen mit den gewürfelten Tomaten zum Gemüse geben. Bohnen zugeben.
15 l Bouillon	zugießen und 90 Min. leicht köcheln lassen.
Salz, Pfeffer Aromat, Kerbel Basilikum, etwas Essig	Die Suppe abschmecken und in Tellern servieren.

Bulgarische Schnitzel

12 Portionen
1 Stunde,
davon 45 Min. im Ofen

Dazu passt Polenta.

Zutaten

12 Schnitzel, Salz, Pfeffer
125 g Mehl, 2 Eier
125 g Paniermehl

2 El Schmalz

500 g Joghurt, 1 Dose Tomaten
(480 g Abtropfgewicht)
1 Tasse Tomatenketchup

8 große Zwiebeln
6 grüne Paprikaschoten

Zubereitung

Backofen auf 200° vorheizen.
würzen.

Nacheinander in Mehl, verquirlten Eiern und Paniermehl wenden. Panade fest andrücken.

erhitzen, Schnitzel darin anbraten, herausnehmen und dachziegelartig in einen Bräter legen.

Bratensatz mit etwas Wasser ablösen, Tomaten zerkleinern und mit Joghurt und Tomatenketchup zum Bratensatz geben. Gut verrühren und über die Schnitzel gießen.

schälen und in Ringe schneiden.
waschen, vierteln, entkernen und in Streifen schneiden. Beides über die Schnitzel verteilen.
Den geschlossenen Bräter in den Backofen geben und bei 200° 40 bis 45 Min.garen.

Curry-Geflügel-Suppe

Zutaten

250 g Langkornreis
750 g Hähnchenfilet
2 ½ l klare Hühnerbrühe

400 g Möhren
500 g Lauch

100 g Butter oder Margarine
100 g Mehl

4 El Curry

200 g Sahne, Salz, Pfeffer

Zubereitung

in reichlich kochendem Salzwasser garen.

Das Fleisch in der Brühe etwa 20 Min. garen.
putzen und in schmale Stifte schneiden.
putzen und in feine Ringe schneiden. Das Gemüse 5 Min. vor Ende der Garzeit zum Reis geben.
Das Fleisch aus der Suppe nehmen und in dünne Scheiben schneiden.

Fett in einem Topf erhitzen, Mehl darin unter Rühren anschwitzen.
zufügen. Die Mehlschwitze unter Rühren mit der Brühe ablöschen und alles etwa 5 Min. köcheln lassen.

unterrühren und abschmecken. Reis und Gemüse abtropfen lassen. Zusammen mit dem Fleisch in die Suppe geben und kurz erwärmen.

Für 12 Portionen
45 Min.

Rezepte für zwei

Wenn die Kinder schlafen

„E" wie Essen – das ist auch „E" wie
Erotik, „E" wie Emotionen, „E" wie
Erinnerungen. Glauben Sie nicht?
Doch, Liebe geht durch den Magen
– zumindest bei uns und vielen
anderen Paaren. Denn wir finden,
dass es keinen besseren Ort zum
Reden, zum Einander-wieder-nahe-
kommen gibt, als ein gemütliches
Abendessen.
Nach einer Woche voll Kinder-
getöse, Arbeitsrummel, Arztbesuche
etc. genießen wir die Ruhe bei
einem entspannten Essen und einer
guten Flasche Wein. Gerne gehen
wir dazu zu unserem Lieblings-Spa-
nier oder zu „Sokrates", dem net-
testen griechischen Restaurant im
Ruhrgebiet. (Fast) genau so gerne
sind wir aber auch zuhause in
unserem Esszimmer, wenn einer
für den anderen gekocht hat oder
beide zusammen ein leckeres Menü
gezaubert haben!
Hier ist der Vorteil: Wir sind ganz
unter uns ...

Ein paar konkrete Tipps für das
Essen, wenn die Kinder schlafen:
• *Kochen Sie nicht zum hundertsten
Mal ihr Standardgericht,* sondern
probieren Sie mal was Neues! Auch
so zeigen Sie Ihrem Partner, dass
Sie noch innovativ und unterneh-
mungslustig sind. Ideen dazu finden
Sie auf den nächsten Seiten ...
• Wenn Sie Ihren Partner einmal
ganz besonders überraschen wollen,
*fragen Sie mal in seiner Familie nach
dem Gericht, das er in seiner Kind-
heit am liebsten aß* – und vielleicht
seit Jahren nicht mehr auf seinem
Teller vorgefunden hat. Auch wenn
es nicht ganz so wird „wie bei Mut-
tern", viele Sympathiepunkte sind
Ihnen sicher!
• *Oder Sie kochen wie damals, in der
Studentenzeit:* Die Fertigpackung
von Aldi, auf dem bunt gepunkteten
IKEA-Geschirr, serviert mit dem
billigen Rotwein und ein paar Fotos
aus dieser Zeit ... Tauchen Sie für
einen Abend noch einmal in die
Vergangenheit ein!

*Wir wünschen Ihnen viele schöne
Abende!*

Dinner 1

Weimarer Zwiebelsuppe mit Käsecroutons

 15 Min.

Zutaten   Zubereitung

2 Zwiebeln	schälen und in dünne Ringe schneiden.
1 kleine Stange Lauch	putzen, waschen und in feine Streifen schneiden.
2 El Öl	in einem Topf erhitzen, die Zwiebel darin goldgelb rösten.
1 El Tomatenmark	zusammen mit dem Lauch zugeben und kurz mitschwitzen.
½ l Fleischbrühe	
100 ml Bier	
Majoran	
Kümmel	
Salz, Pfeffer, Zucker	angießen und gut abschmecken.
2 Scheiben Roggenbrot oder Roggentoast	2 runde Scheiben ausstechen und im Toaster rösten.
50 g Emmentaler	reiben.
1 Eigelb, 1 Tl Senf	damit verrühren und die Masse auf die gerösteten Brote aufstreichen. Die Croutons unter dem Grill oder im Mikrowellenherd gratinieren. Die Suppe in die Tassen verteilen und die Croutons darauf setzen.

Überbackene Pfifferlingsschnitzel

 20 Min.

Dazu sind Kroketten lecker.

Zutaten   Zubereitung

2 Schweineschnitzel	
Worcestersauce, Pfeffer	auf beiden Seiten gut würzen.
3 El Öl	in einer Pfanne erhitzen und die Schnitzel darin auf beiden Seiten etwa 7 Min. braten.
1 kleine Zwiebel	schälen und fein hacken.
200 g Pfifferlinge oder Stockschwämmchen oder Mischpilze	putzen und die Enden entfernen.
20 g Butter	in einer Pfanne zerlassen und Zwiebel und Pilze darin schmoren. Die Schnitzel in eine Auflaufform legen und salzen.
½ Bund Petersilie	abbrausen und fein hacken. Unter
Salz, Pfeffer	die Pilze mischen und würzen. Die Mischung auf den Schnitzeln verteilen.
2 Scheiben Emmentaler oder mittelalter Gouda	Je eine Scheibe Käse auf die Schnitzel legen und unter dem Grill oder im Mikrowellenherd überbacken, bis der Käse zerläuft.

Apfelküchle auf Rotweinschaum im Emmentaler Knusperteig

 15 Min.

Zutaten

**200 ml Sahne, 1 Ei,
1 Prise Salz, 100 g Mehl
75 g fein geriebener
Allgäuer Emmentaler**

1 Eiweiß

**2 kleine Äpfel
(Jonagold oder Gloster)**

Zitronensaft
Mehl

Butterschmalz

4 El Zucker
½ Tl gemahlene Nelken

Rotweinschaum:
4 Eigelb
4 El Vanillzucker

¼ l Rotwein

Zubereitung

mit dem Schneebesen verrühren. Den Teig eine Stunde quellen lassen.

steif schlagen und unterheben.

schälen und Kerngehäuse mit einem Apfelausstecher entfernen.
In Scheiben schneiden, mit beträufeln und in
wenden. Abklopfen, um überschüssiges Mehl zu entfernen.
Apfelscheiben einzeln in Teig tauchen und portionsweise in heißem Butterschmalz goldgelb ausbacken.

vermischen und die fertigen Apfelküchle darin wenden. Dann warm stellen.

in einer Rührschüssel aus Edelstahl schaumig rühren. Im heißen Wasserbad unter ständigem Schlagen mit dem Schneebesen
langsam zufügen. Rühren, bis die Sauce cremig wird. Das Wasserbad darf dabei nur sieden, nicht kochen.
Die Sauce auf Teller gießen und die Apfelküchlein darauf servieren.

Wer keinen Alkohol mag: Vanillesauce passt genauso gut.

 **Dinner 2**

Kartoffelsuppe mit Avocado
Kalbsroulade in Gorgonzolasauce mit Basilikumnudeln
und Broccoli
Frischkäse mit Honig und Walnüssen

Kartoffel-suppe mit Avocado

 **40 Min.**

Zutaten   Zubereitung

Zutaten	Zubereitung
250 g mehlig kochende Kartoffeln	schälen, waschen und in Würfel schneiden.
½ l Fleischbrühe Pfeffer, Kreuzkümmel 2 Stengel glatte Petersilie 1 Msp. abgeriebene Zitronenschale	mit den Kartoffeln zum Kochen bringen. nach etwa 30 Min. Kochzeit zusammen mit Kartoffeln und Brühe in einen Mixer geben und alles sehr fein pürieren. Die Suppe wieder erhitzen (nicht kochen!). vorsichtig unterziehen.
100 g saure Sahne 1 reife Avocado	halbieren und entsteinen. Eine Hälfte schälen und in Spalten schneiden. Avocado etwa 3 Min. in der heißen Suppe ziehen lassen.
Pfeffer	In 2 Suppentassen anrichten und mit frisch gemahlenem Pfeffer bestreut servieren.

Frischkäse mit Honig und Walnüssen

 **10 Min.**

Zutaten   Zubereitung

Zutaten	Zubereitung
50 ml Sahne	steif schlagen
150 g Süßrahm-Frischkäse (z.B. Philadelphia)	mit der Sahne vermischen und die Masse dekorativ auf zwei Teller verteilen.
Zitronenmelisse	Blättchen abzupfen und um den Käse herumlegen.
20 Walnusshälften	auf den Käse setzen.
150 g Honig	kurz vor dem Servieren darüber laufen lassen.

Stattdessen kann man auch Ziegen-Frischkäse verwenden. Nimmt man Mascarpone, braucht man keine Schlagsahne.

Zutaten Zubereitung

Für die Basilikumnudeln:

5 Blätter Basilikum waschen und fein hacken.

100 g Weizenmehl

1 Ei, Salz Alle Zutaten mit dem Rührgerät vermengen. Es müssen sich lauter kleine Kügelchen bilden.
Den Teig durch die Nudelmaschine drehen oder mit dem Nudelholz ausrollen. Dabei bilden sich kleine Teigflecken. Diese nochmals durchgeben, so dass eine Teigplatte entsteht. Den Teig in eine Plastiktüte geben, damit er nicht austrocknet, und 30 Min. ruhen lassen. Dann nochmals sehr dünn ausrollen.
Mit der Maschine oder dem Messer schmale Bandnudeln schneiden. In reichlich kochendem Salzwasser in etwa 3 Min. bissfest kochen.

Für die Kalbsrouladen:

Backofen auf 180° vorheizen.

2 dünn geschnittene Kalbsschnitzel mit einem Fleischklopfer dünn klopfen.

4 Scheiben geräucherter Schinken

150 g Gorgonzola

Salz, Pfeffer Je 2 Scheiben Schinken auf ein Schnitzel legen und darauf je 25 g des Käses geben. Die Schnitzel zu festen Rouladen rollen und die Enden mit je einem Zahnstocher zusammenhalten. Würzen.

1 El Butterschmalz in einer ofenfesten Pfanne erhitzen, die Rouladen darin von allen Seiten anbraten, dann für etwa 8 Min. in den Ofen schieben. Die Rouladen aus dem Ofen nehmen und warm stellen.

¼ l Sahne zum Bratensaft geben und den restlichen Gorgonzola hineinbröckeln. Den Fond auf die Hälfte reduzieren.

8 Basilikumblätter waschen, fein hacken und in die Sauce streuen.
Zum Anrichten die Rouladen in feine Scheiben schneiden und die Gorgonzolasauce darüber geben.

300 g Broccoli putzen, in Röschen zerteilen, waschen und in sprudelndem Salzwasser etwa 8 Min. kochen. Abgießen und kalt abschrecken.

Kalbsroulade
in Gorgonzolasauce mit Basilikumnudeln und Broccoli

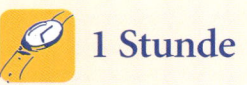 1 Stunde

Natürlich können Sie auch fertige Nudeln verwenden. Das Selbermachen ist aber gar nicht so kompliziert. Probieren Sie es aus!

Dinner 3

Palmherzen mit Rosinensauce
Java-Fisch
Panna Cotta mit Feigen

Palmherzen mit Rosinensauce

Palmherzen erhalten Sie im Feinkostgeschäft oder preisgünstiger im Asien-Laden

🕐 15 Min.

Zutaten | Zubereitung

Zutaten	Zubereitung
1 Kopfsalat	putzen, waschen und trocken schleudern.
1 Dose Palmherzen	abtropfen lassen und in Ringe schneiden.
1 Orange	bis aufs Fleisch schälen und das Fruchtfleisch in Spalten aus den Häuten lösen (filetieren). Vorspeisenteller kranzförmig mit den Salatblättern auslegen und die Palmherzen darauf anrichten.
100 g körnigen Frischkäse	in die Mitte geben.
40 g Rosinen	darüber streuen. Die Orangenfilets darum herum legen.
150 g Crème fraîche Saft von ½ Orange 1 Msp. Curry 1 Msp. Cayenne-Pfeffer	zu einer Sauce verrühren und abschmecken.
40 g Rosinen	hacken und unter die Sauce mischen. Getrennt zum Salat reichen.

Java-Fisch

🕐 45 Min., davon 30 Min. im Ofen

Dazu passt körnig gekochter Reis oder Baguette.

Zutaten | Zubereitung

Zutaten	Zubereitung
	Backofen auf 225° vorheizen.
500 g Kabeljau	waschen und mit Küchenkrepp trocken tupfen.
Zitronensaft, Salz, Pfeffer Öl	beidseitig würzen und in eine leicht geölte, feuerfeste Form legen.
300 g Lauch	putzen, waschen und unzerteilt in kochendem Salzwasser 10 Minuten blanchieren. Den abgetropften Lauch in fingerdicke Ringe schneiden und zu dem Fisch in die Form legen.
1 El Öl	über Fisch und Lauch träufeln.
2 El Sojasauce 1 El Reiswein oder trockenen Sherry	mischen. ⅓ der Flüssigkeit über den Fisch geben. Etwa 30 Minuten backen, dabei den Fisch mehrmals mit der restlichen Sauce übergießen.

Panna Cotta mit Feigen

Zutaten — Zubereitung

1 Vanilleschote aufschlitzen und das Mark herauskratzen.

250 g Sahne
1 El Zucker zusammen mit Vanilleschote und -mark in einem Topf verrühren. Aufkochen und 15 bis 20 Min. leicht köcheln lassen.

2 Blatt weiße Gelatine in Wasser einweichen.
Die Vanilleschote aus der Sahne nehmen. Gelatine ausdrücken und in der heißen Sahne auflösen. In eine Schüssel oder 2 kleine Förmchen gießen. Mindestens 3 Stunden oder über Nacht im Kühlschrank erstarren lassen.
Zum Servieren die Creme mit 2 Löffeln zu Nocken formen oder aus den Förmchen stürzen. Auf Desserttellern anrichten.

2 frische Feigen in Spalten oder Scheiben schneiden und dazulegen.

Puderzucker, evtl. einige Minzeblätter Mit Minze garnieren und leicht mit Puderzucker bestäuben.

30 Min.,
mindestens
3 Stunden Kühlzeit

Besser ein Gericht Gemüse, und Liebe ist da,
als ein gemästeter Ochse und Hass dabei.
(Sprüche 15,17)

Paprika-Suppe

 30 Min.

Zutaten | Zubereitung

Zutaten	Zubereitung
1 rote Paprikaschote	waschen, vierteln, entkernen und in kleine Würfel schneiden.
½ Zwiebel	schälen und fein hacken.
1 kleine Tomate	waschen und in Würfel schneiden.
2 Knoblauchzehen	schälen und in dünne Scheiben schneiden.
1 El Öl	in einem Topf erhitzen und den Knoblauch darin hellbraun rösten. Aus dem Topf nehmen. Im übrigen Fett Zwiebeln und Paprika andünsten.
1 Tl Tomatenmark	und die Tomate zufügen und kurz mitschmoren.
⅜ l Rinderfond oder Brühe Salz, Pfeffer, Zucker	angießen und würzen. 20 Min. köcheln lassen.
Tabasco, Zitronensaft	Die Suppe fein pürieren und pikant abschmecken. Anrichten und die gerösteten Knoblauchscheiben darauf verteilen.

Birnen mit Mandelglasur

 30 Min.

Zutaten | Zubereitung

Zutaten	Zubereitung
2 große feste Birnen Saft einer halben Zitrone	schälen, aber die Stiele nicht entfernen. mit etwas Wasser vermischen und die Birnen darin einlegen, damit sie nicht braun werden.
50 g Zucker 150 ml Wasser ½ Vanilleschote Saft einer halben Zitrone	zu einem Sirup verkochen. Die Birnen darin bei schwacher Hitze weich kochen. Je nach Größe und Sorte beträgt die Kochzeit zwischen 10 und 20 Min. Mit einem Zahnstocher prüft man, ob sie weich sind. Die Birnen mit einem Löffel herausheben und abkühlen lassen. Den Sirup im offenen Topf einkochen. Abkühlen lassen.
2 El Aprikosenmarmelade	in den Sirup rühren. Die Birnen vorsichtig in dieser Masse wenden.
50 g Mandelblättchen	auf einen Teller geben und die Birnen darin rollen.

Senf-hähnchen mit Risotto

Zutaten

Für das Senfhähnchen:
1 kleines Brathähnchen
2 El Öl
1 El Barbecuesauce

3 Scheiben Frühstücksspeck
70 g Käse (z.B. Emmentaler oder mittelalter Gouda)
3 El Senf
3 El Paniermehl
3 El Butter

Für den Risotto:
½ El Butter
1 Tasse Langkornreis
2 Tassen Fleischbrühe

100 g Tiefkühl-Mischgemüse

Salz, Pfeffer

Zubereitung

Backofen auf 200° vorheizen.
waschen, trocken tupfen und halbieren.

vermischen und das Hähnchen damit bepinseln. In eine feuerfeste Form legen und im Backofen etwa 30 bis 40 Min. braten. Ab und zu mit der Öl-Saucen-Mischung bepinseln.

fein hacken.
reiben.

mit Speck und Käse verrühren. Diese Mischung gleichmäßig auf die Hähnchenhälften streichen und sie noch einmal 15 bis 20 Min. im Backofen braten.

in einem Topf erhitzen.
darin glasig braten.
angießen und 12 Min. bei schwacher Hitze kochen, danach 12 Min. ohne Wärmezufuhr quellen lassen.
in etwas heißem Salzwasser kurz blanchieren. Abgießen und unter den Reis mischen.
Abschmecken und mit dem Hähnchen servieren.

 1 Stunde

Dazu passt ein grüner Salat.

Crostini mit Zucchinipaste

 15 Min.

Zutaten

Zubereitung

½ Zucchini	
1 Knoblauchzehe	schälen.
1 El Crème fraîche	
Salz, Pfeffer	mit Zucchini und Knoblauch fein pürieren. Abschmecken.
30 g gekochten Schinken	fein würfeln und unter die Zucchinipaste mischen.
4 Scheiben Baguette	von beiden Seiten goldgelb toasten. Die Zucchinipaste auf die Scheiben streichen und unter dem Grill überbacken.

Überbackene Eierbaisers im Orangenbett

 15 Min.,
2 Stunden Gefrierzeit

Zutaten

Zubereitung

1 Orange	halbieren, das Fruchtfleisch mit einem Löffel auslösen, ohne die Schale zu beschädigen. Zur Dekoration Zacken in den Schalenrand schneiden. Die Schalen ins Gefrierfach stellen und in etwa zwei Stunden völlig durchgefrieren lassen. Backofen oder Grill auf die höchste Stufe vorheizen.
1 Eiweiß	zu Schnee schlagen.
60 g Puderzucker	einrieseln lassen.
1 Packung Vanilleeis	in die Orangenschalen füllen, dabei mit dem Löffel fest drücken. Danach die Oberfläche sorgfältig glätten. Eischnee in einen Spritzbeutel füllen und die Oberfläche ohne Zwischenraum mit Baisertupfen bedecken. Im Ofen oder Grill etwa 3 Min. überbacken, bis die Spitzen goldbraun sind.

Lamm-schulter
in Dillrahm mit Herzoginkartoffeln

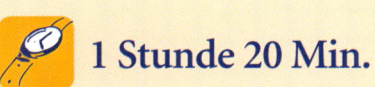 1 Stunde 20 Min.

Zutaten · Zubereitung

Für die Lammschulter:

500 g Lammschulter	enthäuten.
½ Bund Dill	abbrausen und feinhacken.
1 Knoblauchzehe	schälen und zerdrücken.
1 Tl scharfer Senf	
Salz, Pfeffer	mit Dill und Knoblauch vermischen und damit das Fleisch einreiben.
2 El Butterschmalz	in einem Schmortopf erhitzen und die Lammschulter darin von allen Seiten anbraten.
70 ml Weißwein	
⅛ l Wasser	angießen und das Fleisch zugedeckt etwa 1 Stunde schmoren lassen.
100 g Sauerrahm	
2 Tl Mehl	Das Fleisch herausnehmen und die Sauce binden.
½ Bund Dill	abbrausen, fein hacken und unter die Sauce mischen. Über das Fleisch geben und servieren.

Für die Herzoginkartoffeln: Backofen auf 225° vorheizen.

250 g mehlige Kartoffeln	schälen und in großen Stücken in Salzwasser in etwa 15 Min. gar kochen. Durch eine Kartoffelpresse drücken oder zerstampfen.
10 g Butter	in die Kartoffelmasse geben und alles mit einem Schneebesen verrühren.
100 ml Milch oder Sahne	
Salz, Pfeffer	
geriebene Muskatnuß	aufkochen und soviel davon heiß unter die Masse rühren, bis das Kartoffelpüree die richtige Konsistenz hat. Würzen und abschmecken.
1 Eigelb	unter die Kartoffelmasse rühren. Die Masse in einen Spritzbeutel füllen und damit kleine Häufchen auf ein gebuttertes Blech setzen.
10 g Butter	
1 Eigelb	verquirlen und die Kartoffelhäufchen damit bestreichen. Im Ofen in etwa 10 Min. goldbraun backen.

Feste in der Familie

„Bereitet überhaupt noch jemand seine Feste selber vor? Ist doch viel zuviel Arbeit!"

Wir haben uns mal genauer umgehört und festgestellt: Es gibt eine ganze Reihe von Familien, die ihre Feste zu Hause in Eigenregie durchführen. Das sind vor allem diejenigen, die nicht zwei Monatsgehälter im Restaurant lassen wollen und die das typische Party-Service-Essen (Fleisch, verkochtes Gemüse, fettiges Kartoffelgratin oder kalte Spätzle) nicht mehr essen wollen.

Wer es einmal ausprobiert hat, weiß: Es ist zwar mit einer Menge Arbeit verbunden, ein Fest in den eigenen vier Wänden und der eigenen Küche zu gestalten. Doch auch die Vorbereitung dafür kann schon eine Menge Spaß machen. Aber nur, wenn Sie wirklich Zeit und Lust dazu haben: Bevor Ihnen die Vorbereitung über den Kopf wächst und Ihnen die Vorfreude auf das Fest verdirbt, bemühen Sie lieber einen kreativen Pizzaservice (da gibt es große Unterschiede!). Denn Ihren Gästen liegt hoffentlich mehr an Ihnen als an einem perfekten Essen.

Hier noch ein paar Tipps, die bei der Planung und Durchführung Ihrer Familienfeier helfen können:

• *Beziehen Sie Ihre Kinder in die Vorbereitungen mit ein.* Wenn die Optik des Essens nicht perfekt ist, dafür aber Ihr Sohn erzählt, dass er die Paprika selbst geschnitten hat – keiner Ihrer Gäste wird sich daran stören. Und wenn nicht Ihr feinster Tischschmuck, sondern die selbst geschnittenen Papier-„Tischdecken" Ihrer Tochter die Tafel dekorieren, werden Oma und Opa noch lieber Platz nehmen.

• *Laden Sie Ihre Gäste zu einem kulinarischen Beitrag ein.* Suchen Sie dabei aber nach Wegen, die über das „Könntest du noch einen Salat mitbringen?" hinausgehen. Wenn jeder einen Gang beisteuert oder Feste unter einem bestimmten Motto stehen, kann jeder seiner Kreativität freien Raum lassen und die Ergebnisse sind meist verblüffend lecker! Die Zeiten, in denen Fleisch der zentrale Mittelpunkt jedes Festmenüs sein musste, sind natürlich längst vorbei.

• *Weihnachten oder Ostern* sind schon deshalb die Glanzpunkte des Jahres, weil wirklich alle Voraussetzungen gegeben sind, um zu feiern: der richtige Anlass, ein feierlicher Gottesdienst, Gemeinschaft mit Familie und Freunden ... Wer auch festlich essen möchte: Stellen Sie sich gemeinsam in die Küche, bewaffnet mit einem Glas Sekt; wer nicht mag oder kann, tanzt in der Zwischenzeit mit den Kindern um den Baum. Oder bereiten Sie etwas vor, was Sie hinterher problemlos aus dem Ofen oder Kühlschrank ziehen können. Anregungen für Menüs finden Sie auf den folgenden Seiten.

Feiern Sie doch mal ein Familienfest zu hause! Wenn Sie sich nicht zutrauen, das Essen für 20 oder mehr Personen auf den Tisch zu bringen, üben Sie die geplanten Rezepte doch mal mit 10 oder 12 Freunden. Das gibt Ihnen Sicherheit und Routine – und Ihren Freunden einen netten Abend bei einem guten Essen.

Was gibt es Schöneres?

>Mediterranes Buffet<

Dieses köstlich kombinierte Buffet gab es ganz ähnlich tatsächlich: auf einem 40. Geburtstag, zu dem 50 Gäste kamen. Mit Hilfe von Freundinnen und Verwandten, einfachen Rezepten, einigen zugekauften Kleinigkeiten und geschickter Planung, die die Zubereitung auf mehrere Tage und Schultern verteilte, gelang es fast mühelos, einer ausgelassenen Feier ein krönendes Highlight aufzusetzen.

Natürlich kann man alle Rezepte auch einzeln und in normal großen Portionen herstellen. Die Rezepte beziehen sich jeweils, soweit nicht anders angegeben, auf 4 Personen. Aber Achtung: Nicht jedes vervielfachen, sondern lieber mehrere kleine herstellen, sonst wird auch das Buffet zu groß!

Brot

Auf jedes Buffet gehört Brot. Wenn Sie sowieso selbst backen, können Sie bei einer solchen Gelegenheit glänzen. Außerdem kann man die Brote gut schon einige Tage vorher backen und ergänzend einiges frisch beim Bäcker kaufen, z.B. Partybrötchen oder Stangenweißbrot.

Zum Knabbern: Käsegebäck

Zutaten

2 Pakete Blätterteig

je 25 g Mohn und Sesam
150 g geriebener Gouda

Zubereitung

antauen lassen, leicht ausrollen, in Streifen schneiden. Die Streifen an beiden Enden fassen und gegeneinander drehen, so dass sie sich ringeln.

über die Stangen streuen. Nach Packungsanweisung im Backofen backen (ca. 20 Min. bei 200°).

Schnelles Dinkel-Buchweizenbrot

1 Stunde 20 Min.,
davon 1 Stunde im Ofen

Zutaten   Zubereitung

Backofen auf 220° vorheizen.

400 g Dinkel
100 g Buchweizen   fein mahlen und in eine große Rührschüssel geben.

25 g Hefe   mit etwas warmem Wasser verrühren, zugeben.

¾ Tasse Leinsamen
¾ Tasse geschälter Sesam
¾ Tasse Sonnenblumenkerne
2 Tl Vollmeersalz
2 – 3 El Obstessig
½ l warmes Wasser   Alle Zutaten in die Rührschüssel geben und mit dem Elektrorührer (Knethaken) zu einem Teig verarbeiten.

1 Tl Butter oder Margarine   Die Masse in eine gefettete Kastenform geben und etwa 1 Stunde bei 220° backen.

Vollkornbrot

Zutaten   Zubereitung

1 l Buttermilch   lauwarm erhitzen.
500 g Weizenmehl Type 1050
250 g Roggenschrot
250 g Weizenschrot
100 g Leinsamen
100 g Sesam
150 g Sonnenblumenkerne
175 g Rübenkraut
3 Würfel Hefe
1 ½ El Salz   nach und nach in die Buttermilch einrühren. Mit den Knethaken gut durchkneten. In eine große, gefettete Kastenform füllen oder zu einem runden Laib formen und auf ein gefettetes Backblech legen.

Bei 150° 2 – 2 ½ Stunden backen.

2 ½ - 3 Stunden,
davon 2- 2 ½ Stunden im Ofen

Kräuterbutter  10 Min.

Zutaten Zubereitung

250 g Butter	bei Zimmertemperatur weich werden lassen.
je ½ Päckchen TK-Kräuter: **8-Kräuter** **Salatkräuter** **Italienische Kräuter und** **nach Geschmack** **Kräuter der Provence**	
Salz, Pfeffer	in einem Schälchen auftauen lassen. Die Butter mit dem Handrührer geschmeidig rühren und kräftig würzen.
2 Knoblauchzehen	schälen, pressen und untermischen.
Paprikapulver edelsüß	zugeben und abschmecken. Die aufgetauten Kräuter unterrühren und die Butter im Kühlschrank wieder etwas fester werden lassen.

Solche kleinen, unaufwendigen Beigaben bringen Farbe und Aroma auf den Tisch. Eine Auswahl verschiedener leckerer Dips passt nicht nur zum Brot, sondern auch zu einer rohen Gemüseplatte und zu gebratenem oder gekochtem Fleisch.

Tipp: Natürlich können Sie auch frische Kräuter verwenden, z.B. Petersilie, Schnittlauch, Kerbel, Rosmarin, Thymian, Majoran. Kräuterbutter einige Tage im Voraus zubereiten und bis zum Gebrauch einfrieren.

Sauce mit Pesto  5 Min.

Zutaten Zubereitung

400 g Schmand	
5 – 6 El Pesto aus dem Glas	
5 El Milch	
Salz, Pfeffer	
Zucker	Alle Zutaten verrühren und abschmecken.

Aioli  15 Min., 1 Stunde Ruhezeit

Zutaten — Zubereitung

Hält sich 3 Tage im Kühlschrank, kann also auch im Voraus zubereitet werden.

8 – 20 Knoblauchzehen (nach Geschmack)
Salz schälen und im Mörser mit Salz fein zerstoßen. Falls kein Mörser vorhanden ist, mit einem großen Messer fein hacken und leicht zerdrücken.

2 hartgekochte Eier pellen, halbieren und das Eigelb durch ein Sieb streichen. (Das Eiweiß können Sie später zum Dekorieren verwenden).

Saft von einer Zitrone
500 g Mayonnaise Eigelb mit Knoblauch, Zitronensaft und Mayonnaise vermengen.

10 El Olivenöl tröpfchenweise darunter schlagen. Sollte die Sauce zu dick werden, etwas lauwarmes Wasser zugeben.

Cayennepfeffer Recht pikant abschmecken und eine Stunde ziehen lassen.

Olivenbutter  10 Min.

Zutaten — Zubereitung

60 g entsteinte schwarze Oliven
60 g gefüllte grüne Oliven hacken.
Oregano
125 g weiche Butter
Salz, Pfeffer mit den Oliven vermischen und abschmecken.

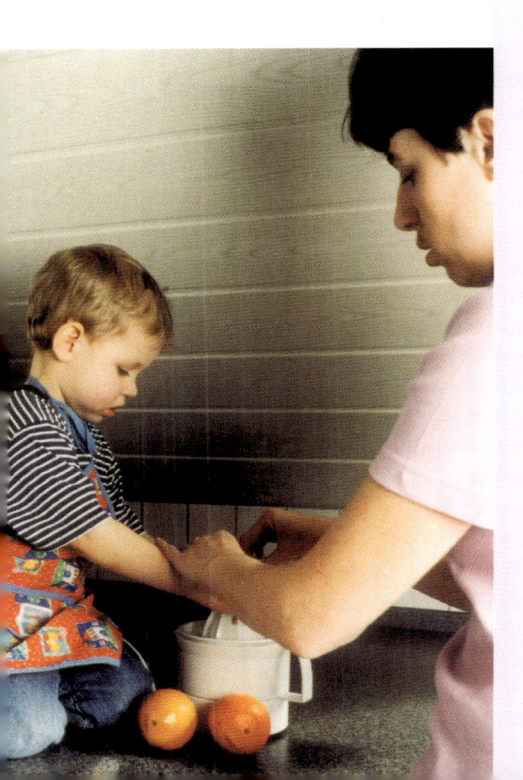

Bunte Sauce

 20 Min.

Zutaten | Zubereitung

Zutaten	Zubereitung
200 g TK-Erbsen	auftauen lassen.
1 Glas Senfgurken (215 g Abtropfgewicht)	
1 Glas Cornichons (190 g Abtropfgewicht)	
1 Dose Maiskörner (285 g Abtropfgewicht)	abtropfen lassen, Gurken fein würfeln.
2 rote Paprikaschoten	putzen, vierteln, entkernen und in kleine Würfel schneiden.
2 Knoblauchzehen	abziehen und fein hacken.
250 g mittelscharfer Senf	
500 g Salatcreme (20% Fett) oder Salatmayonnaise	
Salz	
1 – 2 Tl Zucker	Alle Zutaten verrühren und gut abschmecken.

Thunfischcreme

 15 Min.

Wer Rohei nicht gern verarbeitet, kann die Eier auch hart kochen und die Eigelbe zerdrücken. Die Sauce wird dann allerdings nicht so schaumig!

Zutaten | Zubereitung

Zutaten	Zubereitung
2 Eigelb (zimmerwarm!)	
Salz	
einige Tropfen Zitronensaft	dick und cremig schlagen.
1 – 2 El Zitronensaft	
¼ l Olivenöl	unter ständigem Rühren nach und nach in die Eimasse geben.
1 Dose Thunfisch (150 g)	
2 – 3 Sardellenfilets	
1 El kleine Kapern	abtropfen lassen und zusammen im Mixer pürieren. Unter die Sauce mischen.
1 El Kapern	
Salz, weißer Pfeffer	
Zitronensaft	unterrühren und abschmecken.

Schinkenpaste

 15 Min.

Zutaten | Zubereitung

Zutaten	Zubereitung
200 g gekochter Schinken	
200 g Katenschinken	zusammen fein pürieren.
1 Bund Petersilie	waschen und fein hacken.
Pfeffer	
geriebene Muskatnuss	
Worcestersauce	
100 g Frischkäse	Alles gut vermischen.
150 g Schlagsahne	steif schlagen und unterrühren.

Überbackene Schafskäsecreme

 **30 Min.,**
davon 20 Min. im Ofen

Zutaten

Zubereitung

Backofen auf 180° vorheizen.

400 g Feta-Schafskäse	mit einer Gabel zerdrücken.
1 Ei	
75 g Crème fraîche	mit dem Käse verrühren.
1 El Sonnenblumenkerne	ohne Fett in einer Pfanne rösten und grob hacken. Unter die Käsecreme rühren. Die Creme in eine flache ofenfeste Form (Ø 22 cm) füllen.
1 El Olivenöl	darüberträufeln. Bei 180° etwa 20 Min. überbacken.
1 grüne Paprikaschote	waschen, putzen, entkernen und in dünne Ringe schneiden. Zum Servieren über die abgekühlte Käsecreme streuen.

Salate

Salate gehören auf jedes Buffet. Sie sind die ansprechendste Form, Frisches für viele Gäste auf den Tisch zu bringen, denn sie müssen nicht wie Gemüse warm gehalten werden, sondern bleiben lange knackig. Bewusst haben wir unbekanntere Varianten gewählt, die ohne viel Mayonnaise auskommen. Die Mengenangaben lassen sich mühelos verdoppeln oder verdreifachen.

Italienischer Kartoffelsalat

Zutaten

Zubereitung

750 g fest kochende Kartoffeln	in Salzwasser in etwa 15 Min. bissfest kochen. Abkühlen lassen, pellen und in Scheiben schneiden.
400 g Tomaten	
1 Bund Lauchzwiebeln	putzen, waschen und in kleine Stücke schneiden.
1 kleines Glas schwarze Oliven	abtropfen lassen.
100 g Parmaschinken	in Streifen schneiden. Alle Zutaten mischen.
6 El Olivenöl	
5 El Weißweinessig	
Salz, Pfeffer	
Zucker	
1 Knoblauchzehe	
1 Paket gefrorene italienische Kräuter (25 g)	Den Knoblauch durch die Presse geben und alles zu einer Marinade verrühren. Über den Salat geben, gut durchmischen und etwa 30 Min. im Kühlschrank ziehen lassen.

 **1 Stunde**

Artischocken-Tomaten-Salat

Zutaten / Zubereitung

Zutaten	Zubereitung
1 Dose Artischockenböden (Abtropfgewicht 170 g)	auf einem Sieb abtropfen lassen, danach halbieren.
4 Tomaten	waschen und in Achtel schneiden, dabei den Stielansatz entfernen.
1 gelbe Paprikaschote 1 rote Paprikaschote 1 grüne Paprikaschote	waschen, vierteln, Kerne und weiße Trennwände entfernen und in kleine Würfel schneiden.
1 Knoblauchzehe	schälen und fein hacken. Alle Zutaten auf einer Platte anrichten.
2 El Essig	gut verrühren.
Salz, Pfeffer, Zucker	langsam unter die Salatsauce schlagen.
4 El Öl	Über den Salat geben.
½ Bund Petersilie	abbrausen, hacken und über den Salat streuen.

 20 Min.

Panzanella Brotsalat aus der Toskana

 20 Min.

Zutaten / Zubereitung

Zutaten	Zubereitung
500 g Weißbrot vom Vortag	in Scheiben schneiden und 5 Min. in kaltem Wasser einweichen. Gut ausdrücken und in eine Schüssel krümeln.
3 rote Zwiebeln	schälen und in feine Ringe schneiden.
4 Knoblauchzehen	schälen und fein hacken.
500 g Tomaten	waschen, achteln und von den Stielansätzen befreien.
1 Bund Basilikum	abbrausen und die Blättchen abzupfen. Alles unter das Brot haben.
4 El Rotweinessig 4 El Olivenöl Jodsalz schwarzer Pfeffer	zu einer Vinaigrette verquirlen. Unter den Salat mischen und 15 Min. ziehen lassen. Nochmals abschmecken und servieren.

 **30 Min.**

Erbsensalat mit Avocado

Zutaten

Zubereitung

300 g Erbsen, Jodsalz in 3 El Wasser mit 1 Prise Salz bissfest kochen, dann abkühlen lassen.

1 kleine Stange Lauch putzen, waschen und in feine Ringe schneiden.

1 Knoblauchzehe schälen und fein hacken.

2 Scheiben Vollkornbrot in Würfel schneiden.

1 El Öl in einer Pfanne erhitzen. Knoblauch, Lauch und Brot solange braten, bis die Brotwürfel knusprig werden.

1 Avocado (300 g)
Saft von einer Zitrone halbieren, vom Kern befreien und in Würfel schneiden. Sofort mit Zitronensaft beträufeln. Avocado unter die Erbsen mischen. Auf Tellern anrichten und mit

Pfeffer würzen.
Brot-Zwiebel-Mischung darüber geben.

1 Handvoll Kerbel abbrausen und trocken schleudern. Den Salat mit den Kerbelblättchen garnieren und servieren.

Zutaten

Zubereitung

Rohkostplatte

150 g Möhren putzen und grob raspeln.

200 g Salatgurke waschen und in Stifte schneiden.

150 g Tomaten waschen, achteln und von den Stielansätzen befreien.

1 Stange Bleichsellerie (100 g)
½ Bund Radieschen waschen und in Scheiben schneiden.

½ gelbe Paprikaschote waschen, die Kerne entfernen und in Streifen schneiden.
Die einzelnen Gemüse auf einem großen Teller hübsch anordnen.

Kresse grob hacken und darüber streuen.

75 g gegrillte Hähnchenbrust in dünne Streifen schneiden und diagonal über die Rohkost legen.

½ kleine Zwiebel schälen und fein hacken.

½ Bund Schnittlauch abbrausen und in feine Röllchen schneiden.

100 ml Dickmilch
1 El Zitronensaft
1 Tl Meerrettich
Jodsalz, Pfeffer mit Zwiebeln und Schnittlauch verrühren und die Sauce über die Rohkost verteilen.

 **Zutaten pro Person
30 Min.**

Dazu passen auch die Dips von oben oder eine einfache Joghurtsauce, die mit Zitronensaft und etwas Tabasco abgeschmeckt wird.

Zucchini-Tomatensuppe mit Käse

Suppe

Als warmes Gericht auf dem Buffet eignet sich am besten eine Suppe, denn sie lässt sich leicht warm halten (eine Kochplatte oder elektrische Warmhalteplatte genügt) und bleibt dennoch schmackhaft. Zum mediterranen Buffet passt eine Zucchini-Tomaten-Suppe gut. Weitere Anregungen für Suppen und Eintöpfe finden Sie in den Kapiteln „Alltagsküche" und „Für die große Runde".

Zutaten

Zubereitung

2 Knoblauchzehen	
1 Zwiebel	schälen und fein hacken.
2 El Butter	in einem Topf erhitzen und den Knoblauch darin glasig schwitzen. Zwiebel zugeben und ebenfalls glasig braten.
350 g Zucchini	waschen, putzen, in Scheiben oder kleine Würfel schneiden. Zu den Zwiebeln geben und kurz mit anschwitzen.
300 g Tomaten	häuten, entkernen und in Würfel schneiden. Unter das Gemüse heben.
1 Schuss Weißwein ½ l Gemüsebrühe 1 Becher Sahne	angießen und das Ganze einmal aufkochen lassen.
150 g Emmentaler	reiben.
1 Tasse gemischte gehackte Kräuter (Basilikum, Oregano, Petersilie, Schnittlauch)	mit dem Käse vermischen und zur Suppe geben. Den Käse schmelzen.
Salz, Pfeffer aus der Mühle, geriebene Muskatnuss Cayennepfeffer	Die Suppe kräftig abschmecken und dekorativ anrichten.

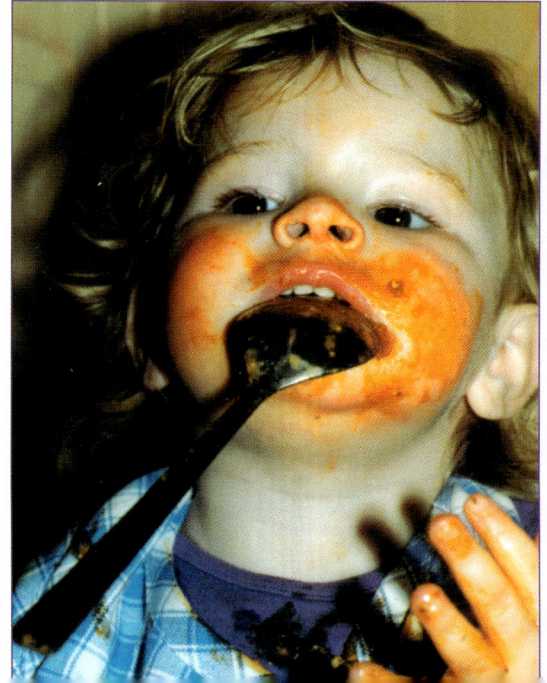

Gekochte Putenbrust

Zutaten | Zubereitung

1,6 kg Putenbrustfilet am Stück — mit kaltem Wasser abspülen und mit Küchenkrepp trocken tupfen.

1 ½ l Hühnerbrühe
½ l trockener Weißwein
1 Zweig Rosmarin — zusammen aufkochen. Das Fleisch in die kochende Brühe geben und bei kleiner Hitze etwa 90 Min. kochen lassen. Das Fleisch im Kochsud über Nacht erkalten lassen.

1 Bund Petersilie — waschen und hacken.
½ Tl grüne o. rosa Pfefferbeeren — Das Fleisch in Scheiben schneiden und auf einer Platte anrichten. Mit Petersilie und zerdrückten Pfefferbeeren bestreuen.

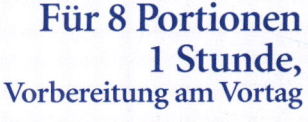 **Für 8 Portionen**
1 Stunde,
Vorbereitung am Vortag

Tipp: Auch Frikadellen werden vom Buffet immer wieder gern gegessen. Möglichst klein und appetitlich, erhalten sie ihren mediterranen Touch durch ein Stück Fetakäse oder einige Kapern, die beim Formen in die Mitte des Fleischklößchens gedrückt werden. (Wer kein Rindfleisch verwenden möchte: Ein Rezept für Lammhackbällchen findet sich auf S. 19.)

Fleisch

Fleisch für das Büffet wird am besten vorgekocht oder -gebraten und dann als kalter Aufschnitt mit verschiedenen Saucen serviert. Reste kann man gut einfrieren.

Kartoffeltortilla

Warum nicht auch einmal eine ungewöhnliche Beilage?

Zutaten | Zubereitung

Backofen auf 175° vorheizen.
750 g Kartoffeln — schälen und in ½ cm dicke Scheiben schneiden.
1 Tl Öl, Salz, Pfeffer — in einer großen Pfanne erhitzen. Kartoffeln zugeben und bei mittlerer Hitze zehn Minuten braten. Würzen.
1 Bund Lauchzwiebeln — putzen und in Ringe schneiden.
1 Bund Petersilie — waschen und fein hacken.
4 Knoblauchzehen — abziehen und zerdrücken.
500 g TK-Erbsen — mit Kartoffeln, Zwiebeln, Petersilie und Knoblauch mischen.

14 Eier
¼ l Milch
Salz, Pfeffer — verquirlen und würzen.
1 El Butter oder Margarine — Die Fettpfanne des Backofens ausfetten. Kartoffel-Gemüse-Mischung einfüllen und die Eiermilch darübergießen. Bei 175° etwa 30 bis 40 Min. stocken lassen. Tortilla in Rauten schneiden und servieren.

 **1 Stunde,**
davon 30 Min. im Ofen

Wer's würzig mag, kann 100 g klein gewürfelten Speck mit anbraten.

Desserts

Auf ein Buffet gehören auch Süßspeisen, am besten nicht nur eine. Kuchen, Torten, Muffins können cremige Desserts ergänzen. Und dazu stellt man am besten eine große Schale frisches Obst der Jahreszeit und eine schöne Käseplatte.

Rote Grütze

 30 Min.

Zutaten

200 ml Orangensaft, möglichst frisch gepresst
je 250 g Erdbeeren, Himbeeren, Johannisbeeren und Sauerkirschen
150 g Zucker

Zubereitung

Die Früchte waschen und putzen, Johannisbeeren entstielen, Sauerkirschen entsteinen. ⅔ der Früchte zusammen mit Saft und Zucker in einen Topf geben und bei geringer Hitzezufuhr 5 Min. kochen lassen.

Ein Durchschlagsieb mit einem feuchten Mulltuch auslegen und die gekochten Früchte hineinschütten. Den Saft durch das Tuch in einen Topf laufen lassen.

2 El Speisestärke mit etwas kaltem Wasser anrühren, unter den Saft geben und aufkochen lassen. Die restlichen Früchte dazugeben und kurz aufkochen. Anschließend kalt stellen.

Dazu passt Vanillesauce oder Vanilleeis.

Orangen-Schichtcreme

🕐 **Für 10 Portionen**
1 Stunde 15 Min., Kühlzeit 3 Stunden und über Nacht

Zutaten ## Zubereitung

Für die Orangensauce:
30 g Zucker
¾ l Orangensaft in einem Topf unter Rühren schmelzen und leicht karamellisieren lassen, dann mit dem Orangensaft auffüllen und aufkochen lassen.

2 Vanilleschoten mit einem spitzen Messer längs aufschlitzen und das Mark vorsichtig herauskratzen und zur Sauce geben.

50 g Speisestärke
2 El Wasser glatt rühren und in die kochende Orangensauce rühren, 3 Min. kochen lassen, dann etwa 3 Stunden kalt stellen.

6 kernlose Orangen wie Äpfel schälen und mit einem scharfen Messer die Filets zwischen den Trennhäuten herausschneiden und in einem Sieb abtropfen lassen.

Für die Creme:
4 Blatt weiße Gelatine in kaltem Wasser einweichen

2 Eier, 2 Eigelb, 50 g Zucker
abgeriebene Schale von
2 unbehandelten Zitronen zusammen mit dem Handrührgerät in etwa 7 Min. cremig aufschlagen. Die Gelatine tropfnass in einem kleinen Topf bei milder Hitze auflösen und unter die Eimasse mischen.

500 g Sahnequark
4 El Zitronensaft unterrühren und kalt stellen.
2 Eiweiß
⅜ l Schlagsahne Erst Eiweiß, dann Schlagsahne steif schlagen und in dieser Reihenfolge unter den Quark heben. Die Creme kalt stellen.

3 Tl Espressopulver (Instant)
250 ml lauwarmes Wasser Espresso auflösen.
3 El Orangenlikör unterrühren.
40 g Walnusskerne fein hacken.
150 g Löffelbiskuits In eine Schüssel jeweils etwas Creme füllen, mit kurz in den Kaffee getauchten Löffelbiskuits belegen, mit etwas Orangensauce beträufeln und mit einigen Walnüssen bestreuen. So fortfahren, bis alle Zutaten verbraucht sind. Die letzte Schicht sollte aus Creme, Orangenfilets und gehackten Nüssen bestehen. Abgedeckt über Nacht kalt stellen.

Melisseblättchen Mit Melisseblättchen garniert servieren.

Eine Variation des beliebten Tiramisù.

Nehmen Sie nur ganz frische Eier.

Sehr lecker schmeckt dieses Rezept auch mit Mascarpone.

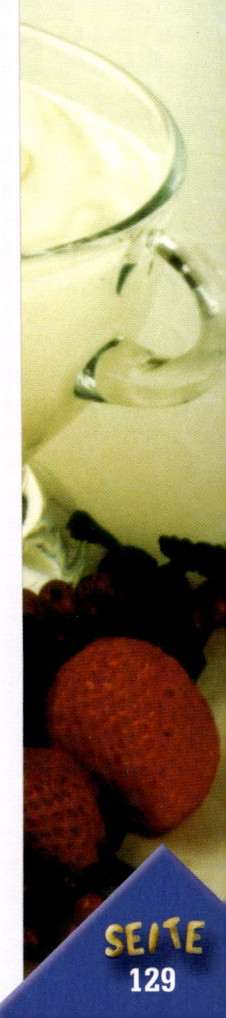

Apfelweintorte

Zutaten / Zubereitung

Backofen auf 175° vorheizen.

für den Boden:

250 g Butter oder Margarine,	
200 g Zucker	zusammen schaumig rühren.
3 Eier	zugeben und weiterrühren, bis die Masse hell ist.

1 ½ Std.,
davon ca. 45 Min. im Ofen

500 g Mehl	
1 Päckchen Backpulver	
1 Päckchen Vanillzucker	
½ Tl Salz	vermischen und abwechselnd mit
150 ml Milch	portionsweise zugeben und weiterrühren, bis der Teig glatt ist. Auf ein mit Backpapier ausgelegtes Blech streichen.
1-1,5 kg Äpfel	waschen, schälen, in Spalten schneiden und leicht in den Teig drücken. 35-45 Min. backen.

Inzwischen den Guss zubereiten:

¾ l Apfelwein (oder herben Apfelsaft)	aufkochen.
2 Päckchen Vanillepuddingpulver	
150 g Zucker	mit etwas kaltem Apfelwein verrühren und in den kochenden Wein geben. Nochmals gut umrühren. Die noch kochende Masse ca. 15 Min. vor Ende der Backzeit auf dem Kuchen verteilen und sofort weiterbacken.
400 ml Sahne	
1 Päckchen Vanillezucker	
Sahnesteif	zusammen steif schlagen und auf den völlig erkalteten Kuchen streichen.
1 Tl Zimt	Den Kuchen damit bestäuben.

Erdbeer-Frischkäse-Torte

30 Min.
2 ½ Std. Kühlzeit

Zutaten / Zubereitung

75 g Cornflakes	in eine Plastiktüte füllen und mit dem Nudelholz zerkrümeln. Gleichmäßig auf dem Boden einer Springform (Ø 24 cm) verteilen.
2 Tafeln weiße Schokolade	im Wasserbad schmelzen und gleichmäßig über die Cornflakes gießen. Im Kühlschrank den Boden ½ Stunde erkalten lassen.
400 g Frischkäse	
3 El Zucker	glatt rühren.
500 g Erdbeeren	putzen, waschen, die eine Hälfte halbieren, die andere Hälfte im Mixer pürieren und unter den Frischkäse rühren.
2 El San-Apart (Sahnesteif)	unter die Erbeer-Frischkäse-Mischung rühren, auf den erstarrten Boden streichen und mit den halbierten Erdbeeren dekorieren. 2 Std. kühl stellen.

Vorsicht mit dem Zucker bei diesem Rezept! Der Boden der Torte ist sehr süß!

Rhabarbertraum

1 ½ Stunden

Zutaten Zubereitung

Backofen auf 225° vorheizen.

125 g Mehl
40 g Zucker
20 g Kokosraspeln in einer Schüssel vermengen.
75 g kalte Butter in Stücken dazu geben, zu einem weichen Teig zusammenfügen (evt. mit einem Löffel kaltes Wasser nachhelfen).
Eine Springform von 26 cm Ø mit Backpapier auslegen und den Teig darauf geben. 15 Min. kühl stellen, dann mit einer Gabel mehrmals einstechen, mit einer weiteren Schicht Backpapier den Boden abdecken. 200 g Trockenerbsen oder -bohnen darauf legen und ca. 10 Min. backen. Füllgut und Backpapier entfernen. Ofen anlassen!

2 Eier
2 El Wasser
50 g Zucker zusammen schaumig rühren.
75 Stärkemehl vorsichtig unterheben.
2-3 El Erdbeerkonfitüre auf den heißen Boden streichen und die zweite Teigmasse darauf verteilen. Nochmals 10-12 Min. backen.

Füllung:
750 g Rhabarber waschen, putzen und in kleine Stücke schneiden.
Saft von 1 Zitrone, 200 g Zucker zusammen mit dem Rhabarber 5-10 Min. garen.
je 5 Blatt weiße und rote Gelatine einweichen, ausdrücken und unter das heiße Kompott rühren. Auskühlen lassen.

⅜ l Schlagsahne
1 Päckchen Vanillezucker zusammen steif schlagen und unter die halb steife Rhabarbermasse geben. Auf den Teigboden geben und glatt streichen, dabei den Springformrand geschlossen lassen.

Sahne und gehackte Pistazien zum Verzieren Wenn die Torte schnittfest ist, jedes Stück mit einem dicken Sahnetupfer verzieren und mit gehackten Pistazien bestreuen.

Kuchen-Special

Andreas Malessa empfiehlt:

Andreas Malessa, Hörfunkjournalist und Fernsehmoderator bei SWR, DLR und HR ; Pastor im Bund evangelisch-freikirchlicher Gemeinden, Buchautor und Songtexter.

Mild, exotisch, von betörendem Duft

Thailändische Hühnersuppe

Wer bei „Thailand" an Sextourismus und höllisch scharfe Fischgerichte denkt, tut nicht nur den lieben Menschen dort Unrecht, sondern auch der lieblichen Seite ihrer grandiosen Küche. Das folgende Rezept ist einfach in der Zubereitung und in 45 Minuten fertig, setzt aber eine Stippvisite im „Asia"-Shop voraus . Wenn`s bei Ihnen keinen gibt, fragen Sie einfach den China-Mann im Restaurant, woher er seine Zutaten bezieht. Alle Angaben für 4 bis 6 Personen.

Zutaten

750 oder 1000 g Hähnchenbrust, 1,5 Liter ungesüßte (!) Kokosmilch aus der Dose, 1 mittlere Aubergine, 4 Knoblauchzehen, 3 Zwiebeln, 1 daumengroßes Stückchen Ingwer-Wurzel, 4 El Fischsauce (Vorsicht, salzig), 1 Tl Zucker, 1 El Öl, Saft von 2 Zitronen, drei oder vier Stengel Thai-Basilikum (das ist etwas anderes als unsere Basilikumblätter!) und drei Stengel frisches Koriandergrün. Falls vorhanden: etwas Soja-Sauce zum Abschmecken.

Zubereitung

Die Hähnchenbrustfilets schnetzeln, in einem großen Suppentopf mit Kokosmilch bedecken und langsam zum Kochen bringen. Ab und zu umrühren. Währenddessen Ingwer, Knoblauch und Zwiebeln fein würfeln, in eine Schüssel geben, mit Fischsauce, Öl und ein wenig Sojasauce übergießen, den Zucker draufstreuen und zu einer dicken Sauce umrühren. Ist das Hähnchenfleisch in der Kokosmilch „durch" (also weiß und weich), die braunschwarze Sauce reinkippen und umrühren. Jetzt die Aubergine waschen, in 2 x 2 cm große Würfel schneiden. Am Koriander und Thai-Basilikum unten die Stiele abschneiden und das Grünzeug (nicht zu) klein häckseln. Hinein mit allem! Und jetzt nochmal 5 Minuten unter Rühren aufkochen. Die Hälfte des Zitronensafts dazugeben. Je nach Meinung mit mehr Sojasauce (schärfer) oder Zucker (süßer) oder Zitronensaft (saurer) abschmecken. Heiß servieren.
Dazu passt Pflaumenwein oder trockener Weißwein, Krupuk-Krabbenbrot oder Baguette.

Nachsatz.
Gibt`s nirgendwo Kokosmilch in Dosen:
Plan fallenlassen ! Was Sie in einer Kokosnuß hören, ist das Kokoswasser. Die „Milch" entsteht erst, wenn man Kokosfleisch feinraspelt, kocht und aussiebt. Zu umständlich.
Die Suppe sättigt recht gut. Folgt noch ein „Hauptgericht", sollte dies leicht sein oder nach einer Pause stattfinden.

Menüs

Auch die folgenden Menüs sind erprobt und haben den Gästen gut geschmeckt. Wie das Buffet wollen Sie nur Anregungen sein, sich doch selbst einmal an die Gestaltung eines Festes zu wagen. Die Menüs bestehen aus klassischen Gerichten, die allen schmecken. Doch klassisch muss es ja nicht immer sein: Stellen Sie selbst nach Lust und Laune zusammen, was Ihnen und Ihren Gästen schmeckt, was sich gut planen und vorbereiten lässt und zu Ihnen und dem Anlass passt.

Sommerliches Taufmenü
für 12 Personen

Melone mit Portwein • Roastbeef im Kräutersud mit Kartoffelgratin • Hausgemachte Sorbets

Diese Taufe fand an einem Pfingstmontag bei strahlendem Sonnenschein im Garten statt. Natürlich funktioniert das Menü auch zu anderen Gelegenheiten.

Einfache Vorspeise:
Melone mit Portwein 15 Min.

Galia-Melonen sind oval und haben eine grüne, gemaserte Schale. Kaufen Sie sie ein paar Tage vorher, damit sie reif auf den Tisch kommen.

Anstatt Alkohol können Sie auch Erdbeeren oder Brombeeren in die Melone füllen.

Zutaten   Zubereitung

6 reife Galia-Melonen halbieren, Kerne mit einem Esslöffel ausschaben.

1 Flasche guter Jahrgangsportwein 1 Schnapsglas voll in jede Melonenhälfte gießen.
Beim Essen den Port gemeinsam mit dem Fruchtfleisch auslöffeln.

Roastbeef im Kräutersud

über Nacht marinieren, 1 ½ Stunden im Ofen oder kurz auf dem Grill

Gehen Sie hierfür zu einem guten (Bio-)Metzger, es lohnt sich.

Für Kinder darauf achten, dass das Fleisch stets gut durch-gebraten ist. Für viele „Große" ist es gerade dann eine Delikatesse, wenn es innen zart rosa bleibt!

Dazu passen sommerliche Salate, z.B. aus Zuckerschoten und Spar-gel in einer leichten Vinaigrette oder ein kräftiger Blattsalat mit Lollo rosso, Rucola und Tomaten.

Zutaten Zubereitung

3-3 ½ kg Roastbeef am Stück
2 Handvoll frische Kräuter (Basili-
kum, Thymian, Majoran, Petersilie,
Schnittlauch, Estragon ...)   fein hacken.
125 ml gutes Öl   mit den Kräutern vermischen und das Roastbeef gut damit ein-reiben. In eine große Form legen und mit Klarsichtfolie fest abdek-ken. Über Nacht ziehen lassen. Vor dem Braten die Marinade nochmals gut auf dem Fleisch verteilen. Dann im vorgeheizten Backofen bei 180° 90 Min. garen lassen. Gelegentlich mit Marinade und Bratensaft überschöpfen. Aus dem Backofen nehmen, in Alu-folie wickeln und 10 Min. die Säfte zur Ruhe kommen lassen, erst dann schneiden.
Alternative bei schönem Wetter: das Fleisch mit einem Elektro-messer in nicht zu dünne Schei-ben schneiden und 5 Min. auf den mit Alufolie bedeckten Grill legen. Ein Gedicht!

Zutaten Zubereitung

3 kg mehlig kochende
Kartoffeln   schälen, waschen und in dünne Scheiben schneiden oder hobeln.
Backofen auf 200° vorheizen.
2 Knoblauchzehen   pellen und halbieren. Ein tiefes Back-blech damit ausreiben.
Salz, Pfeffer   Kartoffelscheiben schuppenförmig in der Form verteilen. Mit Salz und Pfeffer würzen.
¾ l Milch, 600 ml Sahne   mischen und über die Kartoffeln gießen.
3 El Butter   in kleinen Flöckchen über dem Gratin verteilen.
Etwa 45 Min. im Backofen garen. Die Kartoffeln sollten weich und die Oberf-läche schön gebräunt sein.

Kartoffelgratin

1 ½ Stunden, davon 45 Min. im Ofen

Das Gratin können Sie am Tag zuvor zubereiten und am Festtag nur noch kurz fertig und knusprig backen.

Ein leichtes Dessert (denn Torte gibt's später auch noch):
Hausgemachte Sorbets

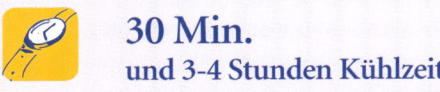

30 Min.
und 3-4 Stunden Kühlzeit

Zutaten   Zubereitung

1,5 kg Erdbeeren, Kirschen, Pfirsiche, Aprikosen, Melonen

waschen, ggf. schälen oder entsteinen und in Stücke schneiden.

300 ml Wasser
300 g Zucker

in einem kleinen Topf unter gelegentlichem Rühren aufkochen. Hitze herunterschalten, kurz weiterköcheln und dann abkühlen lassen.

Zitronensaft

je nachdem, wie sauer die Früchte sind, noch etwas Zitronensaft zum Sirup geben. Dann die Früchte zusammen mit dem Sirup pürieren. Masse in eine große Porzellan- oder Edelstahlschüssel geben und in den Tiefkühler stellen. Jede Stunde mit dem Schneebesen gut durchrühren, damit ein gleichmäßig lockeres Sorbet entsteht. Nach etwa 3-4 Stunden ist das Dessert durchgekühlt.
Vor dem Servieren etwas antauen lassen, dann im Mixer kurz geschmeidig rühren, in Gläser füllen und sofort servieren.

Diese Sorbets lassen sich leicht im Vorhinein aus allen Sommerfrüchten herstellen und schmecken wunderbar. Eine Kombination von zwei oder mehr verschiedenen Sorbets sieht besonders hübsch aus.

Weihnachten (oder auch Ostern): Wer nicht Würstchen mit Kartoffelsalat essen möchte – und auch dafür gibt es sehr gute Gründe! – muss sich seinen Erwartungen und denen der Familie stellen. Doch Mutter muss es nicht allein schultern: Es könnte doch jeder einen Gang zubereiten oder man kann gemeinsam in festlicher Vorfreude kochen. Deshalb hier zwei Menüs, die uns gefallen und geschmeckt haben.

Weihnachtsmenü I
(für 8-10 Personen)

- **Leichte Gemüsesuppe mit Lachs**

- **Gefüllter Truthahn mit Ofenkartoffeln**

- **Mousse au chocolat**

Leichte Gemüsesuppe mit Lachs

Zutaten   ## Zubereitung

1 kg Broccoli	waschen, in Röschen teilen.
2 l Gemüsebrühe	mit dem Broccoli zum Kochen bringen, ca. 10 Min. köcheln lassen, bis das Gemüse gar ist.
2 Zwiebeln	hacken und zur Suppe geben. Mit dem Pürierstab
2 Becher Crème fraîche **Pfeffer, Salz**	unterrühren und abschmecken.
1-2 Lachsfilets **(ca. 300 g insgesamt)**	roh in dünne Streifen schneiden und in die heiße Suppe geben. Sofort servieren.

Wunderbar kann man diese Suppe auch mit Tiefkühlerbsen, grünem Spargel oder Zucchini kochen.

 30 Min.

Gefüllte Pute

Zutaten   ## Zubereitung

Backofen auf 180° vorheizen.

1 bratfertige Pute (3800 g) **Salz, Pfeffer** **15 g weiche Butter**	Pute von innen salzen und pfeffern, Butter hineingeben.
Für die Farce: **5 Scheiben Weißbrot** **Milch oder Brühe**	entrinden und in Milch oder Brühe einweichen. Gut ausdrücken und in Stücke zupfen.
1 Handvoll frische Kräuter **(z.B. Petersilie, Schnittlauch,** **Thymian, Majoran, Salbei)**	mit dem Brot vermengen. Die Pute durch die Halsöffnung füllen. Die Halshaut dann gut nach hinten ziehen, so dass die Farce nicht herauskommt.
35 g Butter	Die Pute auf den Rost über der Auffangschale im Backofen legen. Mit geschmolzener Butter begießen. Mit einer Alufolie bedecken und 30 Min. braten. Die Alufolie wegnehmen und die Pute mit dem Bratensaft begießen und die notwendige Zeit weitergaren. Für die Garprobe die Keule mit einer Messerspitze einstechen. Wenn heller Saft herausfließt, ist das Geflügel gar. Wenn er rosa ist, noch 15 Min. weiter garen lassen. Die gebratene Pute auf eine vorgewärmte Servierplatte geben, in Stücke schneiden und warm stellen.
60 ml Bouillon, Salz, Pfeffer	Den Bratensaft entfetten und Bouillon zufügen. Gut rühren, dabei den Fond abkratzen und die Sauce einkochen lassen. Nachwürzen und in eine Sauciere gießen. Farce um die Pute verteilen und servieren.

Statt einer Füllung mit Brot kann man auch Maronen und Backpflaumen verwenden.

Garzeiten für
6-7 kg gefüllte Pute: 4 Std.
4-5 kg gefüllte Pute: 3 ½ Std.
2-3 kg gefüllte Pute: 2 ½ Std.
Für große Braten sind auch Fleischthermometer praktisch, wie es sie in Haushaltsgeschäften zu kaufen gibt.

8 Portionen
2 ½ Stunden

Dazu Ofenkartoffeln (s. Rezept 'Sesam-Kartoffeln' S. 74)

Mousse au chocolat

 30 Min. und 5-6 Stunden Kühlzeit

Zutaten ## Zubereitung

200 dunkle Schokolade
200 g Milchschokolade zerbröckeln und in eine Schüssel geben.
**3 El abgekühlten Espresso
oder starken Kaffee** zugeben, die Schokolade im Wasserbad
schmelzen, glatt rühren und etwas
abkühlen lassen.
400 ml Sahne steif schlagen und unter die Masse
ziehen. 5-6 Stunden kühl stellen.
Mit zwei Löffeln kleine Klößchen abstechen und je zwei auf einem Teller
anrichten.

Hier eine kinderfreundliche Variante ohne Rohei.

Für Kinder die Klößchen mit Scho-
Koblättchen (Ohren) und Schoko-
drops (Nase, Augen) in Mäuse
verwandeln. Mit einem Holzstäb-
chen und etwas Mousse oder
Gelee einen Mäuseschwanz auf
den Teller legen.

Wer lieber vegetarisch isst, kann
das Kalbsgeschnetzelte in diesem
Menü durch Tofu ersetzen. Den
Tofu schon abends vorher in
Brühe und mit reichlich Kräutern, Zwiebeln und Knoblauch
marinieren!

Weihnachtsmenü 2
(für 8-10 Personen)

Schwarzwurzel-Terrine
Zürcher Geschnetzeltes mit Rösti
Gemüsebeilagen
Mandelsulz

Schwarz-wurzel-Terrine

Zutaten

800 g Schwarzwurzeln	
1 Tl Rapsöl	
700 g Karotten	
1 Bund Petersilie	
4 Eier	
200 ml Sahne	
Salz, Pfeffer, Muskat, evt. etwas Brühepulver	

Zubereitung

unter fließendem Wasser gut abbürsten. In einem Topf Wasser aufkochen und die ungeschälten Wurzeln darin knapp 30 Min. kochen. Herausnehmen, abtropfen und abkühlen lassen. Backofen auf 180° vorheizen.

Eine große Kastenform auspinseln.
schälen und raffeln.
fein hacken. Mit den Karotten mischen. Schwarzwurzeln schälen, in 10 cm lange Stücke schneiden und abwechselnd mit der Karotten-Petersilie-Mischung in die Form schichten.

verquirlen.

Die Masse abschmecken und in die Form über das Gemüse gießen. Mit Alufolie abdek-ken und ca. 1 Std. im Ofen backen. Zur Garprobe ein Holzspießchen hineinstecken – bleibt nichts kleben, ist die Terrine gar. Den Rand mit einem breiten Messer lösen und vorsichtig stürzen. In nicht zu dünne Schei-ben schneiden und servieren.

Zum Schwarzwurzelnwaschen am besten Gummihandschuhe anzie-hen, die Schwarzwurzeln färben ab!

 1 ¾ Stunden, davon 1 Std. im Ofen

Zürcher Geschnet-zeltes

Zutaten

500 g Champignons	
Zitronensaft	
250 g Schalotten oder kleine Zwiebeln	
1,5 kg zartes Kalbfleisch, in Streifen	
Mehl	
6 El Butter, 4 El Öl, Salz, Pfeffer	
¼ l trockener Weißwein oder Kalbsfond	
500 ml Sahne	

Zubereitung

putzen, feucht abreiben und in dünne Scheiben schneiden.
Die Pilze damit beträufeln, damit sie sich nicht verfärben.

pellen, fein hacken. Backofen auf 50° vorheizen.

dünn mit Mehl bestäuben.
Je 1 El Butter und Öl in einer großen Pfanne erhitzen und das Fleisch portionsweise an-braten. Salzen, pfeffern und im Backofen warm stellen.
Schalotten oder Zwiebeln in der Pfanne anbraten, Champignons zufügen und alles so lange bei mittlerer Hitze dünsten, bis fast die gesamte Flüssigkeit verdampft ist. Salzen und pfeffern.

angießen. Hitze hochschalten und die Flüssigkeit etwas einkochen lassen.
dazu geben und alles etwa 5 Min. kochen, bis die Sauce cremig wird. Die Hitze reduzieren und das Fleisch dazugeben und in der Sauce erwärmen.

Wenn das Fett in der Pfanne angebrannt ist, schütten Sie es weg und nehmen Sie fri-sches. Wenn nicht, gibt der Bratensatz der Sauce das richtige Aroma.

Kalbsfond gibt's im Glas.

Außer Rösti passen zum Geschnetzelten auch Butter-nudeln gut. Broccoli, Spinat oder Rosenkohl bieten sich als Beilage an.

45 Min.

Rösti

Zutaten | Zubereitung

 etwa 1 ¼ Stunden

1 kg fest kochende Kartoffeln waschen und mit der Schale in 15 Min. nicht ganz weich kochen. Abgießen, abschrecken, pellen und grob raspeln.

Salz, Pfeffer Mit Salz und Pfeffer abschmecken.

2 El Butterschmalz

2 El Öl Je 1 El Butterschmalz und Öl in einer großen Pfanne erhitzen. Temperatur herunterschalten auf mittlere Hitze.
Die Hälfte der Kartoffeln in die Pfanne geben und mit dem Pfannenwender zu einem fingerdicken Kuchen formen. Zugedeckt etwa 15 Min. braten.
Vorsichtig mit Hilfe des Pfannenwenders vom Rand lösen und auf einen großen Teller gleiten lassen. Mit einem zweiten Teller wenden und die Rösti wieder in die Pfanne geben. Weitere 15 Min. in der offenen Pfanne braten. Warm stellen und mit der zweiten Hälfte ebenso verfahren.

Mandelsulz

Zutaten | Zubereitung

 35 Min.
und 4-5 Std. Kühlzeit

Mandelmus gibt's im Reformhaus. Man kann die Mandelmilch auch selbst aus 100 g gemahlenen Mandeln herstellen, die man mit der Milch zusammen 30 Min. kochen lässt. Dann alles durch ein feines Sieb gießen und die Mandeln dabei sehr gut auspressen!

1 l Milch

80 g Mandelmus zusammen aufkochen und 15-20 Min. kochen lassen, bis die Milch den Mandelgeschmack angenommen hat.

10 Tropfen Mandelaroma

7 El Zucker beigeben, aufkochen, Topf vom Herd nehmen.

10 Blatt Gelatine kurz in kaltem Wasser einlegen, abtropfen lassen und unter Rühren zur Mandelmilch geben, durch ein Sieb in eine große Schüssel gießen, ca. 1 Std. in den Kühlschrank stellen, bis die Masse nur am Rand fest geworden ist,

400 ml Sahne glatt rühren.
steif schlagen und gleichmäßig unter die Masse mischen. Evt. in eine andere, formschöne Schüssel (oder in kleine Förmchen) füllen. Während 3-5 Std. im Kühlschrank fest werden lassen.
Vor dem Stürzen den Rand lösen, die Form kurz in heißes Wasser tauchen.

Dazu passt eine Sauce aus pürierten und leicht gezuckerten Beeren.

Rezeptverzeichnis